開始越野跑

就成功

挑戰山徑溪流，越野裝備與訓練一步到位

越野達人

阿虎隊長

曾尉傑◎著

從事鐵人三項競技運動，已邁向第十二年，然而對於戶外越野的知識和技能，卻是相當缺乏。

2015年參與大陸山地戶外挑戰賽，才有機會跨領域接觸這項多元環境與地形的運動。賽前大雪山特訓，由阿虎隊長親自帶隊操作與傳授越野的技術，豐富的登山經驗及訓練相關資訊，讓我奔馳在山徑中時，還能體驗原野之美。

很高興阿虎隊長將這十多年寶貴的越野登山經驗，轉換為文字，帶領大家安全地一窺山林秘境。

李高偉
台灣超級鐵人三連霸冠軍

印象中，尉傑（阿虎隊長）是個不多話的人，卻有著許多豐富的戶外活動經驗：登山、攀岩、雪訓、路跑、越野、登山車、獨木舟、鐵人三項、戶外挑戰賽……能夠擅長這麼多項目的人不多，如今又寫出一本越野跑的專門書籍更不容易！

本人參與戶外活動多年，從一開始的惶恐，到後來的欲罷不能，讓我更想推薦這本書，幫助讀者一看就懂，一看就上手！

「仁者樂山，智者要水」，說明喜歡山的人都很善良，要接近山，除了登山之外，首要有越野的底子，本人因生長丘陵環境，造就跑山如履平地，喜歡山林小徑之美，更能體會人生之曲折離奇。這本書提供整套入門方法，真誠推薦。

孫吉山
台灣越野傳奇、前鐵人三項、戶外挑戰賽國手

和阿虎隊長結緣始於2009年在麻里巴狩獵季，三年後在海拔2220米的加里山巧遇。在此之前也只有跑跑寬敞林道，以及住家附近中級山的把握。在2013年越野跑還被視為馬拉松跑者、三項鐵人、甚至陸戰隊員身分的年代，阿虎隊長豐富的山岳知識協助我估算腳程，終於順利單攻跑上大霸尖山來回，從此打開了我跑向百岳大山的那道大門，重新認識了寶島山林之美。

特別推薦本書，幫助大家享受奔向山徑時，能減少摸索時間，獲得安全快速穿越在山巒林間的樂趣。

陳延宗（小岡）
天津黃崖關萬里長城馬拉松亞軍、環貢嘎山國際百公里越野賽台灣隊長

很多人都參加過很多的路跑活動，也相信也有很多人沒有參加過越野路跑活動。

很多人都知道怎麼進行路跑訓練，也相信也有很多人不知道越野路跑是一個可以用來當作路跑訓練的方法。

越野路跑跳脫了安全、平穩、一成不變的環境，讓你感受前所未有的冒險刺激及全方位的野外能力。

這是一本為越野路跑而寫的書，也是入門越野跑者需要的書。

賴曉春
百鐵教父

隨心～願意去跑；

隨身～可以去跑，

越野跑它絕對是一場美好的身心靈饗宴！

戴昌盛
小鬍子冒險學校創辦人

發現一起伏、
一轉彎的山林新世界

當河濱的跑友開始往山上跑的時候，當臉書上的跑步照片都是山徑的時候，我知道越野跑的風潮正要開始熱血燃燒。在2013年的時候，爬山十餘年的我在一次機緣下結識了跑步十多年的小岡，他時常問我許多登山安全的問題，我則請教他如何精進跑步的方法，與其在網路上交流不如直接相約去越野跑山，於是開啟了最初的越野跑活動，一方面可以運動，一方面可以交流許多觀念，同時也開拓了我另外一個視野。近年來我更多次偕同小岡遠赴大陸北方地區參加長距離越野跑賽事，觀察了兩岸選手的差異性，也學習吸收不少的觀念。

後來陸續邀約了許多運動領域的好朋友一起進入越野跑的世界，越野足跡踏遍全台各地，從一日越野南湖、雪山、嘉明湖、奇萊主北、能高越嶺古道、八通關日古道東段等路線，每次的越野活動都有詳實記錄下來，自己也越跑越有興趣，更進一步研究越野跑的裝備以及技巧。而隨著運動人口大幅增加，賽事如雨後春筍，也帶動越野跑賽事的增加，越來越多人對於越野跑世界感到好奇，但我也發現許多跑友在進入山林越野的時候，有時因為觀念的差異或是裝備的不確實，時常造成些微風險。

身為一個十多年經驗的登山人，在進入越野跑世界後，開拓了我不同於登山的視野，得以選擇用更快速的方法親近山林。由於自己比大多數的跑友多了許多山野知識及安全觀念，更能迅速進入狀況，

畢竟原始山林可不能跟河濱公園相比，每一個決策或是考量都會影響
山野活動，尤其是從郊山越野進階到高山越野活動，「完善的行程規
劃」、「齊全的越野裝備」及「豐富的山野知識」是非常重要的，這
也是我在越野跑了這幾年後，非常想推廣的一個觀念，而恰好在這樣
的一個時機點，接觸到了「本是文創」葉大哥及胡姐，在他們積極的
推動下，讓我有這個機會寫一本關於越野跑的書籍。

對於越野跑我想說的是，這是一個引人入
勝又充滿刺激、挑戰的運動項目，我喜歡越野
奔馳跑在高山稜線上，穿梭林間溪谷，每一個
起伏、每一個轉彎都是新的世界，也是無法預
期的，唯有在你轉身而過才知道下一個映入眼

簾的景象。越野跑總是無可避免上坡地形，乳
酸堆積下造成雙腿緊繃，心跳加速的上氣不接下氣，放棄的念頭不時
地從腦中閃過，當來到山頂看到遼闊的景色之後，先前的辛苦全部拋
在腦後，享受自我超越後的快感，這就是越野跑的迷人所在！

期待本書的出版，可以幫助每個愛好跑步的人，不論是菁英選手
還是熱血跑友，可以循序漸進接觸越野跑世界，讓大家認識越野跑、
開始越野跑！

阿虎隊長

目錄
CONTENTS

1
越野知識篇
認識越野跑，
享受揮汗山林的快感

2
越野環境篇
跑進山野林間，
體驗多元地形

越野裝備篇

3 選鞋、穿衣、挑背包，
跑山裝備不能少

體能技術篇

4 這樣做，練出越野跑的實力

5 開始越野跑，路線規劃輕鬆學

1

認識越野跑，
享受揮汗山林的快感

喜愛跑步的你，在嘗試過路跑後，是否想挑戰更多變化的地形？
台灣因地理環境特殊，擁有豐富的山岳步道資源，適合進行長短距離的越野
跑活動，讓人享受暢快跑步與每個彎道所帶來的各式驚喜。

本章教你
● 越野跑跟路跑有何不同？　　越野跑的種類
● 越野跑的樂趣是什麼？　　　台灣常見的越野跑賽事

什麼是越野跑？

什麼是越野跑？在山野怎麼跑？這是大多數人要初次參加越野跑的一大疑惑吧！其實在我還沒有開始跑步之前，也不知道什麼是越野跑？要怎麼越野跑？……我想多數人的想法應該是：「越野跑就是跑在山徑上吧！」

若將越野跑用最廣泛來定義，就是跑在非柏油路面上，也是所謂的Off-Road路面，但越野跑也不單單只是單純的跑步而已，正確來說是結合了跑步運動及快速登山的一種延伸運動，因為運用跑步輕又快的移動速度，卻享受跟登山一樣的大自然壯闊美景，清新的空氣，不再是單調的視野，也不需要負重累累地緩步行走，因為每一個過彎、每一個上坡越嶺之後，映入眼簾的景致都是無法預期的驚喜，我想這才是越野跑吸引人之處。

結合跑步與快速登山的延伸運動

起初我也是簡單的在喜歡的山徑上，將越野跑列為我的運動訓練課表之一，也會在準備一些特定

運動比賽之前才會去特別訓練，例如登高賽或是戶外越野挑戰賽之類的比賽。當我持續跑步運動一段時間，在已經習慣河濱道路或是一些上下坡的柏油路面，且也具有一定跑步能力的時候，那個內心裡小小的種子漸漸茁壯起來，一直有個聲音在呼喊著我，就是在最喜歡的那段高山山徑上盡情奔跑，也許就是老天爺聽到了我的心聲，很快地我就找到適當的夥伴去完成內心深處的小夢想，之後便持續開拓登山越野路線。

我喜歡越野跑，或者是說我喜歡在山林穿梭地奔跑著，享受著山風徐徐地吹拂，樹枝芒草刷過身體的刺痛感，還有聽見爆裂的心跳聲，

越野跑小學堂

所謂越野跑，就是在野外自然環境中進行的賽跑活動，每次路線都是依照當地的自然環境條件去設定與選擇起點和終點，盡最大可能避開柏油路或公路（比例不超過20％），因此跑者所面對的會是大自然中多變化的地形，像是草地、石階、陡坡、泥地，甚至需要穿越溪水河流等水域，與跑在柏油路上的公路賽大不相同。

比交響樂曲還要激昂的撲通撲通跳，而越野跑當然不單只有越野跑步而已，也不是高山山徑的跑步稱為越野跑，在越野跑的世界裡，可是有變化萬千的運動形式。

↑越野跑＝跑步運動＋快速登山。

越野跑的分類

越野跑在台灣應該算是很新興的運動，隨著近年來運動風潮崛起，從單車、馬拉松、鐵人三項（這一兩年來幾乎每年都有226超級鐵人賽，以及近十場的標準鐵人三項賽）等熱潮，進而延燒到越野的領域，如果從中文的「越野跑」字面上來看，就是指跑在山野路徑上，但若依照英文字的分類又可以分為Cross Country Running、Mountain Marathon、Trail Running、Orienteering、Vertical Running、Sky Running等六大類型。

1 田徑越野賽
Cross Country Running

所謂的Cross Country Running田徑越野賽，在歐洲國家通常是安排在秋冬季節舉行，可以做為選手的交替訓練，在亞洲地區的日本、香港也都有舉辦過這一類的比賽，通常賽道都是屬於短草坡為主，甚至在高爾夫球場內也曾舉辦過，最著名的田徑越野賽是1876年就開辦的「英國國家越野錦標賽」（The National Cross Country Championships），也是世界最古老的越野賽，不過此一類的賽事在台灣還沒有舉辦過，實在有點可惜。

↑田徑越野賽的場地以短草坡為主，此為陽明山的草地地形，雖然適合越野跑，但台灣並未舉行此類賽事。

2 山路馬拉松越野賽
Mountain Marathon

Mountain Marathon就是山路馬拉松越野賽，這一類的比賽形式也比較常見，顧名思義就是在山路上的馬拉松比賽，目前在台灣最著名的「合歡山越野馬拉松」，雖名為越野馬拉松，但也是全程跑在高山

↑屬於中央山脈的合歡山因地形獨特，風景隨地勢變化萬千，加上交通可及，每年10月舉行的馬拉松賽事，即在台14甲公路上的武嶺進行，從海拔1600公尺一路跑向3275公尺的最高折返點，吸引不少跑友參加。

公路上，因其海拔高且坡度落差極大，對於選手的挑戰性相對較高，所以來挑戰的選手日益增加。

除了坡度陡是比賽的一個大困難點外，另一個常常影響比賽的因素就是天候狀況，有時晴空萬里，視野遼闊，跑起步來雖然痛苦但也心曠神怡；有時烏雲密布，能見度五公尺，溫度驟降，十分考驗選手的意志力。然而痛苦的過程總是回憶較多，也許這就是高山馬拉松迷人之處，此外還有北部的「陽明山越野馬拉松」、「雪霸超級越野馬拉松」等著名賽事。

3 山徑越野賽
Trail Running

Trail Running山徑越野賽，就是大家所熟知的越野跑，也是國內最多見的越野賽模式。從短距離到長距離，甚至是100公里長的越野賽等，這樣的賽事內容是目前國內越野比賽活動中比較活躍的。短距離越野賽，例如「水返腳兩棲越野賽」、「動感亞洲貓空越野挑戰賽」、「碧山越野挑戰賽」等，都是距離在20公里內的越野跑比賽，也是許多越野跑友評價極高的入門

賽事。長距離山徑越野賽比較代表性的「七星登山王越野挑戰賽」（阿虎隊長也是第一屆七星登山王越野賽路線設計師）、有AA50之稱的「動感亞洲越野賽」系列的「石門水庫越野挑戰賽」，以及近來自助超馬家族所舉辦的超馬越野賽也廣受好評，100公里越野賽最具代表性的就是TNF100系列的越野賽──台灣站，由戶外品牌所贊助舉辦的巡迴賽事，這也是國內眾多越野高手鎖定的賽事。

↑「OtterBox動感亞洲越野賽」已經舉辦多年，是頗具有指標性的一場越野賽。

4 定向越野賽
Orienteering

定向越野賽起源於北歐，場地可設在森林、郊外或大型公園，必須憑藉地圖、指北針及越野跑能力，找到地圖標示的打卡點，最快完成者便是優勝。因為過去十餘年的登山背景，開啟了我地圖定向的運動能力，接觸了幾次城市定向比賽後，相較優於一般人地圖判定的能力，也讓我在定向運動上有比較出色的表現，後來也觸及到定向越野比賽，就是將比賽地區拉到比較郊區的地方，例如陽明山國家公園之類的戶外。

比賽開始時會發給選手一人一份該區域的地圖，有點類似尋寶的概念，根據地圖顯示的記號點去尋找吻合的對應點，這類賽事一般採用漸進式的放行，可能每組每三十秒放行一名選手，選手自行攜帶指北針，輔以地圖判斷的能力，所以定向越野跑算是一個門檻極高的戶外運動。

目前定向越野賽也是國際認可的體育競賽項目，著名的賽事包括「世界定向越野錦標賽」、「亞洲定向越野錦標賽」。

Opisy punktów		
M16	4,1 km	120 m
▷		✕
1	40	
2	53	
3	46	
4	57	
5	32	
6	58	
7	47	▲
8	48	
9	49	
10	100	✕
○	▪ 180 m	

↑定向越野的國際標誌

↑檢查卡格式：數字是檢查點的代號，旁邊註明了每個檢查點附近的環境。（圖片來源：維基百科）

↑參加定向越野賽必須具備看地圖及使用指北針的能力。

5 登高賽 Vertical Running

說到登高賽，大家普遍的印象，應該就是國際著名的「台北101登高賽」，而廣義的越野定義來說，101登高賽也是越野賽事的一種形式，其賽道就是大樓內的樓梯。自2015年起，台北101大樓登高賽也被世界登高協會（Towerrunning World Association）列為國際登高世界盃巡迴賽事之一，由此可知大樓登高賽也是國際上一種著名的賽事。

除大樓登高賽外，另外Skyrunning（天空跑）系列中的VK（Vertical kilometer）級別登高賽，此賽事的特點就是距離短、爬升海拔高，

通常是在5公里內的距離，累計爬升達1000公尺，目前國內有台灣跑山獸舉辦過類似的越野登高賽事，像是雪山山脈中的武陵四秀當中，從

↑台北101大樓登高賽，樓高508公尺，91層樓共2046階。

↑台北101登高賽每年都吸引國內外優秀選手之外，也有許多運動社團集體報名，造成比賽名額一票難求。

武陵賓館直接爬升到桃山這樣的感覺，或是一些中級山爬升達到1000公尺，如北插天山、中台灣著名的谷關七雄等等。

6 高山越野賽 Sky Running

以山徑越野賽來說，其中比較特別的就是高山越野賽，也就是所謂的高海拔越野。亦即在海拔超過2000公尺高度的山徑上舉行的越野賽。這一類的賽事通常屬於高難度的越野賽，全世界越野好手所熟知的「美國硬石100」就是高海拔越

野賽事的代表之一，在亞洲就是中國大陸地區越野賽的「貢嘎山越野賽」、「四姑娘山越野賽」，馬來西亞的「神山馬拉松」都是著名賽事，我們台灣地區則有一次史無前例的「嘉明湖高山越野賽」。

↑嘉明湖越野，綜觀台灣高山百岳，恰好嘉明湖這段山徑，從向陽名樹到嘉明湖畔，平均海拔約3200公尺，上下起伏不斷，但路徑明顯，景色優美，高山越野難度極高，需要有相當的體能基礎，以及對山野知識有所涉獵才行。

越野跑小學堂

國際越野跑協會（ITRA）將越野賽事以距離分類：42公里以下為初級越野跑；42～69公里為中級越野跑；70～99公里為長距離越野跑；100公里以上為極限越野跑。

神山馬拉松，選手必須跑到海拔4095公尺的神山山頂，全場爬升超過1500公尺以上。

六種常見越野跑類型

登山 Mountain Hiking

山徑越野賽
Trail Running

即結合了跑步運動及快速登山的一種延伸運動，也是最廣泛定義的越野跑。

例 動威亞洲越野挑戰賽

田徑越野賽
Cross Country Running

台灣無舉行

比賽場地通常是草地、林地、丘陵等鬆軟路面。

例 英國國家越野錦標賽

山路馬拉松越野賽
Mountain Marathon

即在山路上舉行的馬拉松賽，沿途高低落差大、氣候多變，考驗跑者的應變力。

例 合歡山越野馬拉松

高山越野賽
Sky Running

在海拔2000公尺以上高山舉行的高海拔越野賽，跑者需具備一定的體能、裝備及知識，難度較高。

例 嘉明湖高山越野賽

定向越野賽
Orienteering

比賽場地以森林、郊區、大型公園為主，沒有規律的賽道，跑者需具備地圖辨識能力，過程中充滿競逐的刺激感。

例 亞洲定向越野錦標賽

登高賽 Vertical Running

通常是在摩天大樓舉行的階梯賽，也有在距離短且爬升海拔高的高山舉行的登高賽。

例 台北101大樓登高賽

跑步 Running

越野跑在台現況

說起國內越野跑步的風氣，應該是這兩三年來因為馬拉松比賽暴增之後的效應，而馬拉松比賽之所以盛行也是由於2009年起企業的無薪假風潮，導致許多上班族在平日被迫休假的情況下轉向戶外運動，所以當時帶起了單車熱潮，從河濱自行車道蔓延到近郊山區的道路，增加了許多的運動人口，單車熱潮經過兩三年後，慢慢轉向路跑、馬拉松的比賽，甚至於鐵人三項等更具難度的比賽項目。其實在戶外越野運動這塊領域，早在2000年我開始戶外運動之時，就有一小眾的人及單位持續在推廣，包括定向越野賽、越野登山車、山徑越野賽跑、越野挑戰賽等。

越野登山車賽結合跑步成為鐵人兩項

越野登山車賽，也是有別於公路車賽的一種單車活動，主要競賽車輛就是登山車，而路線通常會包含上下坡的柏油路以及越野路面，參加越野登山車賽除了要有強而有力的腿部肌力外，還要有操控自如

的技巧，才能在蜿蜒的山徑上穿梭自如，甚至拉開對手的距離。越野登山車最大的風險就是摔車，在窄小蜿蜒的山徑要搶快，往往需要更大的勇氣，因為風氣不盛，後來的越野登山車賽都結合跑步的型態，成為鐵人兩項的越野挑戰賽，後來

也演化成公路車為主的鐵人兩項，也因此帶動了越野跑的風氣。

主題式的山徑越野跑興起

山徑越野賽相較於其他形式越野賽事來說，倒是每年都持續在舉辦。近年來，跑步熱潮興起，除傳統中規中矩的馬拉松比賽之外，多了許多主題性的路跑活動，像是英雄人物系列的路跑、泡泡路跑（The Color Run在全台北中南造成轟動）、卡通人物為主題的路跑、女生路跑（像是近年超熱門的Nike Women＇s half marathon TPE，還有Mizuno Lady＇s Running都是女生路跑的指標賽事）等。我想越野跑也被歸類於一種特色的主題路跑活動，而且是具有一定困難度的比賽項目，因為越野跑有別於在一般

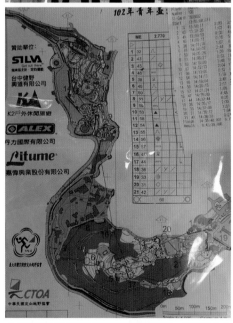

↑ 102年台北市青年盃定向越野錦標賽，在陽明山公園舉辦，屬於山地定向越野，旁邊為比賽地圖及檢查卡，當經過每個檢查點時，確定號碼及打孔，表示通過這個檢查點。

柏油路面上的競速，多半的時間是在山林小徑或是步道階梯等路面跑動。山徑四周綠意盎然、鳥語花香，不時享受森林芬多精，跑習慣操場或是河濱步道平路的人，或是長時間坐在辦公室的上班族，對於這樣類型的路面及環境，會有許多新的期待跟挑戰，所以入門的越野賽事也逐漸受到跑友們的青睞。

台灣風行的越野跑賽事

過去幾年來，每年本來都固定三五場的山徑越野賽，在整個大環境的帶動下，還有一些主辦單位的持續支持，近兩年幾乎成為了主流賽事項目之一。其中致力經營越野活動比賽的「ezFun生活玩家」這個

主辦單位，有數年的越野賽活動舉辦經驗，許多的越野跑友都是由這一系列的賽事起家，進而成為一個越野跑的愛好者，有些賽事已經成為該單位的經典賽事，例如「內湖碧山挑戰賽」、「東進陽明山越野跑」、「四獸山山徑越野跑」等。

另外一個專業的越野賽事主辦單位就是「古塵流冒險工作室」所

承辦的一系列賽事，從越野跑友熟知的「荷蘭古道越野賽」（此場比賽也走入歷史了）到「草嶺古道山徑越野挑戰賽」等，都是三位資深的戶外越野挑戰運動前輩所組成的公司推動，因為他們豐富的比賽經驗及閱歷，在許多比賽的規劃上，細節都會從選手的立場去做考量，尤其是比賽路線上，更能設計出精采絕倫的賽道，因此創造出許多經典的越野賽事。

近年又有兩個越野賽事的單位新興崛起，且能緊緊抓住越野跑友的胃口，一個是小而美的「台灣跑山獸」（Taiwan Beast Runners），另外一個是網路興起的「自助超馬家族」。自助超馬家族遍地開花，在台灣北中南皆有賽事活動，從自助馬拉松比賽開始舉行，衍生

了超級馬拉松，更將觸角延伸到越野超馬的項目，由北到南開拓了許多超高難度的越野路線，還申請了國際越野跑協會（ITRA）的資格，「台灣跑山獸」也同樣加入了該協會取得認證，造福許多跑友，大家不再需要出國到香港或是日本等國家比賽，就可以累積積分。

回顧最近十年的國內越野環境，也許剛開始起步之際，市場反應未如現在火熱，但是當初的

越野跑小學堂

陽明山管理處於2015年7月發文公告：「因越野路跑對於山徑鋪面衝擊頗大，影響水土保持，且假日登山遊客眾多、步道路幅不足，競速恐造成衝撞意外事件並影響其他遊客安全，故本處不允許任何競速相關競賽於園區內山徑或步道舉行，為避免業者違規舉辦，本處亦將加強巡查，然根本解決之道仍是呼籲業者及大眾共同愛護山林，勿違規舉辦山徑越野競賽，民眾拒絕參加違規山徑越野活動，以使後代子孫能擁有建全的山林。」這紙公文看似合理通順，卻一竿子打翻全船的人，我想這個議題勢必會繼續延燒，在沒有一個完善的解決之際，位在陽明山區域的越野賽，如：荷蘭古道越野賽及東進陽明山等可能會消失好一陣子。

賽事真的是經典中的經典，相信曾參加過的資深跑友勢必津津樂道，可惜正當環境蓬勃發展的時候，陽明山管理處的一紙聲明卻又在許多越野跑友身上澆了一盆冷水。然而在面對山林越野的跑友，經過大自然的洗禮後，看事情也會有許多不同的面相，希望未來的運動環境中，山徑越野能夠持續蓬勃發展下去，期待更多的越野好手能走出國際，在國際的比賽中嶄露頭角。

↑台灣有超過百分之七十以上的山地丘陵，在三萬六千平方公里的面積下，超過三千公尺的山頭有兩百多顆，很明顯的是一個山地形的國家，應該要好好發展台灣山林資源。

越野跑小學堂

國際越野跑協會（簡稱ITRA，官網：www.i-tra.org）在2015年3月ITRA全球代表大會中對越野跑賽事以下列三個標準來定義難度。

1. 耐力係數（Endurance）：以距離及爬升高度衡量，換算係數來評定積；Endurance值＝距離＋（總爬升／100）。

2. 山地等級（The Mountain level）：以賽道平均海拔高度和單段最大爬升高度衡量。

3. 完賽係數（The Finisher criteria）：在主辦單位規定時間內完成賽事的選手比例。

使用這三個指標來更全面客觀地評價越野跑賽事的難度，並形成新的UTMB賽事積分制度，將從2017年起採用新的積分制度。而2016 UTMB報名抽籤將採取新舊積分並軌的形式，例如UTMB組現在抽籤報名要求最多在三場賽事內取得9分，新的積分是最多三場賽事取得15分。

換算係數	舊積分	新積分
0-24	0	0
25-39	0	1
40-64	0	2
65-89	1	3
90-129	2	4
130-139	3	4
140-179	3	5
180-189	4	5
>190	4	6

■具代表性的台灣越野跑賽事

主辦單位	官網	代表賽事	舉辦時間	賽事特點
ezFun 生活玩家	www.caiers.org.tw	四獸山山徑越野挑戰賽	每年春季4～5月舉行	該單位越野賽事行之有年，其中以四獸山越野賽及碧山越野賽最具有挑戰性，非常適合入門越野跑友嘗試挑戰。
		內湖碧山山徑越野跑挑戰賽	每年春季4～5月舉行，已停辦	
台灣跑山獸 Taiwan Beast Runners	www.taiwanbeastrunners.com	Hill Runner700	第一屆始於2015.4.11，相關賽事活動請見官網	由來自捷克的越野好手創立的跑團，並且舉辦首屆的越野登高挑戰賽，賽事小而美，廣受越野跑友好評，且積極陸續開發越野路線，值得越野跑友大力支持。
自助超馬 Taiwan Ultra Runners	turpro.weebly.com	谷關越野	第一屆始於2015.7.25，相關賽事活動請見官網	由跑友組織聚成的自助超馬，從公路賽延伸到越野賽，一年多來舉辦超過百場自助賽事，其中谷關越野難度極高，是中台灣地區著名路線，且符合ITRA積分認證，是許多越野高手急欲挑戰的賽事之一。
Action Asia Events	www.actionasiaevents.com	動感亞洲越野賽—台灣站	每年9月	在台灣行之有年的經典越野賽事，行遍貓空地區山徑，是許多入門越野跑友進階挑戰的一場賽事。
		台灣動感亞洲50	每年11月	50公里長距離越野賽事先驅，上上下下山徑崎嶇難度頗高，值得進階越野跑友挑戰。

阿虎隊長的越野跑筆記

令人難忘的複合式越野挑戰賽

　　熱愛戶外越野運動多年的我，令我比較深刻的越野活動，無非是複合式越野挑戰賽，結合了越野跑（包含了沙灘、山徑、沿岸、河流等路面）、登山車越嶺、攀岩垂降、獨木舟划行、定向越野等五、六種運動，有的賽事還有特別關卡。記得2003年參加過一次複合式越野挑戰賽之後就上癮了，之後陸續在台灣也參加了好幾次。但可惜的是，在2006年之後，這一類的比賽已經不復見，後來因緣際會之下出國參加了幾次賽事，依然回味無窮，如此就不得不提一下當年在台灣戶外界普具盛名的「動感亞洲越野挑戰賽」。

　　這項比賽在台灣舉辦過數次，其中有兩次是以東北角的福隆海水浴場為比賽會場，清晨天未亮就準備開賽，別出心裁的以放煙火方式取代鳴槍，大批選手從沙灘起跑後，先去旁邊的小漁港跳港泳渡再拉繩網上岸，之後鑽進小溪溯行一段路，回到單車轉換區，騎著越野登山車翻山越嶺才又下到海邊，這時候已經離開福隆來到貢寮。記得那個海灘叫金沙灣，沿著礁岩海岸跑進全台最大戶外攀岩場——龍洞岩場，進行垂降及攀爬等項目，經過一連串競賽後，還要從龍洞灣的碼頭划獨木舟出海。獨木舟這項運動對於台灣選手而言普遍並不熟悉，所以很多外國選手都在這關拉開距離，也看到許多台灣選手的船原地打轉。

　　划獨木舟回到放置登山車的金沙灣，再騎著登山車翻山越嶺回到福隆。這趟翻山越嶺可不是一直騎就可以，有時要推車，有時要扛車，在福

隆還得游泳過雙溪河跟高空垂降等，最後才能回到終點。雖然短短的百來字描述這個比賽，但這樣的一個過程就要經歷五、六個小時之久。

可惜的是後來不知道甚麼緣故，這一類的極限越野賽完全退出了台灣市場，最後一次參加這樣類似的比賽大概就是「金門動感亞洲挑戰賽」，還有「Land Rover G4越野挑戰賽」，這是由汽車品牌所贊助的一場越野挑戰賽，但好像也是一次之後就無疾而終，取而代之就是登山車越野賽及一些山徑越野跑的中小型規模的比賽了。

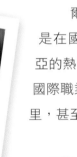

爾後接觸這類複合式越野挑戰賽都是在國外，其中包括大陸地區、馬來西亞的熱帶雨林賽事，規模盛大，吸引許多國際職業隊選手參與，路線長達60～70公里，甚至100公里。

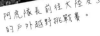
阿虎隊長前往大陸及馬來西亞參加的戶外越野挑戰賽。

2 跑進山野林間，
體驗多元地形

越野跑最大的樂趣就是地形多變，像是樹林茂密的林道、蜿蜒起伏的山徑、平坦遼闊的草地，或是濕軟泥巴地、濕漉河床、崎嶇岩地……不同地形都帶來不一樣的挑戰，也考驗跑者的應變力及判斷力，比一般路跑更具變化性。

本章教你
- 認識不同越野地形
- 如何克服天候變化？
- 越野跑安全嗎？
- 運動傷害如何處理？

越野跑的地形分類

很多朋友問我，越野跑都跑甚麼路啊？都是山徑嗎？還是階梯？然後又馬上補上一句，我不喜歡階梯……其實這樣的說法是對，也算不對，因為這只是越野跑會遇到其中的兩種地形而已。我認為如果用廣義的說法來定義越野地形，那麼就是on road 及off road的兩大類別，on road就是指跑在一般道路上，而off road就是越野跑，可能遇到的地形就千奇百怪了。就這幾年在台灣的越野比賽來說，如同前面所提，也是大多數人的印象：階梯為主、登山步道為輔的地形居多，

然而進一步針對越野地形做分類，目前台灣地區可能會遇到的地形，人工步道一定是最常見的一種地形，伴隨著人工步道一定會出現的就是石頭階梯了。

但是越野跑迷人的地方之一，就是事情並不如跑友所想的這麼簡單，階梯跟步道雖是國內越野的基本款，但路況也不僅只是這樣而已，其實台灣的地形地貌非常豐富，所以路況的選擇性也十分多樣，需要一步一步循序漸進來練習及適應。

地形1 ▶ 石階步道

● **特色**：全台最常見地形。
● **注意**：氣侯不佳時，或布滿青苔的石階都易打滑。
● **要訣**：專注每一次的踏點，閃躲易滑地面，選擇易跑的石階凹痕、乾燥處、旁邊的泥土地、石階跟石階交接處。

這應該是全台山徑越野之中最常遇到的路面，不論是國家公園級的山徑或是地方特色的登山路線，也不管是登山山友或是越野跑友都會最常接觸的地形。在台北莫過於陽明山國家公園內的山徑步道，多半是以石階為主。這樣的步道在路徑上十分明確、寬敞，適合較多數的山友、跑友同時並行，但陽明山區的天氣變化大，有時候因為太潮濕導致石階濕滑，行走起來容易滑倒，所以不論是步行或是跑步，都要十分留意每一步的下腳。特別是跑友遇到這樣的路面，天氣晴朗乾燥時，這就是康莊大道、像高速公路般的路徑，但是遇到潮濕的天候，就要考驗跑友的技術了，打滑是難免的，如何面對這樣濕滑的石階還能保持一定速度前進，在比賽中就高下立見。

給大家一些建議，遇到這一類的石階步道，跑的時候一定要十

↑陽明山國家公園內的石階步道，應該是整個北部地區步道系統最發達的地區，步道錯綜而複雜但又四通八達，串連起東西兩端綿延逾40公里。

分專注在每一次下腳踩踏的點，首先要避開濕滑的青苔，還有大面積平滑的石面，這兩種是眾所皆知易於滑倒的地形。學會閃躲之後，還要懂得選擇易跑的踩腳點，專注的目的就是要選擇不會打滑的地面，包括石階上的凹痕、乾燥處、旁邊的泥土地、石階跟石階交接處等都可以避免打滑，而專注的程度要跟下棋一樣，預先看好兩三步的下腳點，可以增加前進的速度，還可以在萬一打滑時，能迅速往前踩踏，穩住身體。

泥土山徑

- **特色**：屬於傳統的越野路面，泥土地易跑但不平坦，且林道路徑錯綜複雜。
- **注意**：1.崎嶇路面易受傷。2.在山徑中迷失方向。
- **要訣**：1.遇到雜草叢生的山徑需留意每一步踏點。2.注意路標及指示牌方向。

除了石階步道之外，最傳統的越野路面應該就屬泥土山徑，也是許多跑友覺得有趣好玩的路面，因為當跑習慣平坦馬路或是河濱步道等路線之後，初次轉到越野山徑，就像是發現新世界的探險家一般，充滿驚喜又有點懼怕。

此一類的山徑是接觸越野賽最常見到的路面，看似簡單的泥土山徑，其中也充滿了許多不確定性，所以才會讓人又驚喜又害怕，喜的是鑽過這個芒草堆、翻過一個山頭又是另外一個新景象，每個轉折都有令人期待的一幕，怕的是崎嶇的路面導致受傷而退，或是鑽來鑽去之後迷失方向。

這類山徑確實是有別於人工化的步道，路上除了一些林務局或國家公園架設的指示牌外，就是山友所留的路標指引，或是小小的方向指示牌。對於沒有甚麼路感的人，跑在這樣放眼望去都是綠色的森林很容易迷失方向。再者，泥土山徑並非平順好跑，在雜草遮掩之下的土路，往往隱藏著一些危險性，例如會有凹洞、倒木、石頭突起、藤蔓絆腳等，就是這些不確定性，讓越野跑者必須去克服，才能享受大自然的越野饗宴。

↑在原始林相之中的山徑越野，跨越倒木也是一項技巧，需要勇氣跟膽識，還要眼、手、腳的結合，才能流暢地做出跨越的動作，當然這樣的動作也是需要反覆訓練才會熟悉。

地形3 草地

- **特色**：台灣目前的草地多被開發出石階步道，遼闊草原不多見。
- **注意**：留意踏點是否平穩、避免踩進窪洞。
- **要訣**：只要留心下腳處，相對簡單易跑。

一望無際、遼闊的草地地形，其實不太有機會遇到，不過這一類的地形卻在陽明山國家公園占有一定的比例，但是純粹的草地都不會分布在步道上，而是在步道兩側，或是隱藏山徑的附近。陽明山國家公園中比較大片的草地就是擎天崗草原、北五指山草原，另外北部還有一個著名的草地地形就是草嶺古道，不過草嶺古道跟多數的草原地形一樣，幾乎都被開發了一條石階步道（有時候想想就是硬生生的在草地上劃上一道傷痕，究竟是基於環保，還是生態保護概念，在這邊就不多加討論）。

↑陽明山擎天崗草原，是北部著名的草原地形，不過因為國家公園的維護及開發，所以草原上建構石頭步道。真的要體驗草原地形就要從旁邊才能跑在真的草原上，草原附近也有許多原野祕境的登山小徑，是許多登山客時常健行的路線，保有原始的風味，值得一訪。

一個優秀的越野跑者就是面對地形，來甚麼地形就想甚麼方式解決，這樣的草地其實是相對簡單的可應付，只要留心下腳點是否平穩，並注意草地裡的小窪洞。

- **特色**：台灣沿海地區常出現沙灘地形，地質鬆軟。
- **注意**：因地質鬆軟，下腳後易陷入沙堆，提腳費力。
- **要訣**：適合作為小腿肌群的肌力訓練場地。

在台灣有廣大沙地的地形其實不多，下方照片中的沙地是我去大陸祁連山附近參加越野賽的其中一景，而在台灣有偶爾出現沙地，卻未必能成為越野路線。另外一個常見沙地就是沙灘地形，台灣四面環海有沙灘、礁岩等地形，都是越野跑的適合地點。沿海地區多數都有機會遇到沙灘，例如北部的北海岸、福隆一帶、西部沿海等。

↑沙地訓練，因為地面屬於較軟的沙地，所以每次的落腳後，都會再陷入沙裡，造成腿部施力的負擔，特別是小腿肌的部分，所以選擇較軟的地面來做訓練，如沙灘地，可針對小腿肌群做重點強化，小腿肌力增強，對於跑步的推蹬會更有效率。

面對沙地或是沙灘，看似輕鬆易跑，然而沙灘地質鬆軟，下腳後會微微陷入沙中，提起腳的時候又更費力，所以面對沙灘地會比一般越野土路更加吃力，尤其經過了一定的距離之後，特別是小腿肌群會感到吃力，因此沙灘地可以作為一個有效的肌力訓練場地。

地形5　越野跑溪

● **特色**：沿著河床兩側前進，地勢多變化。
● **注意**：溪水滾滾易滑倒受傷，河床石頭多不穩固，須留意下腳處。
● **要訣**：1.可穿著溯溪鞋在岩石間穿梭。
　　　　　2.橫渡河床，雙手張開維持平穩。

登山界說法，沿著登山步道往山頂走去叫做「登山」，沿著登山步道往山頂跑去被叫做「跑山」或是「越野跑山」，沿著溪往上游走叫做「溯溪」，那沿著溪往上游跑去，就叫做「跑溪」。越野跑溪，也是越野路況的其中一種，只是帶著專業裝備溯溪就有一定的困難度，更何況穿越野鞋就去跑溪、跑河床。過去有幾次跑溪的經驗，不過多是在比賽的過程中，也因為是比賽，所以路線上比較入門簡單一些，有些地方也都是可以跑在河床上。

面對河床地形，多數人比較戰戰兢兢，因為溪水滾滾，大家都怕滑倒或是怕水深等問題，如果經驗不足的人遇到這樣地形的時候，確實快慢速度會差異很大，就我過去的經驗，如果是穿溯溪鞋，也就是所謂的防滑鞋，我就會在石頭上跳來跳去，這一類的防滑鞋鞋底是

↑越野溯溪的過程中，橫渡河床是經常的事情，面對橫渡河床必須要面向上游，一步一步橫向移動，並且觀察河面水流較為緩慢的區域通過，而鞋子全濕是無法避免的，身為越野跑者要盡快適應穿全濕的跑鞋快速移動。

不織布構成，防滑性極高，一定要相信鞋子才能如魚得水在溪床上迅速移動。而越野比賽中遇到河床地形，例如過溪或是向上溯行，不論穿著那一個品牌的越野鞋，我都建議不要害怕鞋子濕，一定要直接踩下溪裡，唯有踩到水底地面才能保持平衡，預防打滑，雙手張開維持平穩，也預防滑倒時手可以隨時扶著兩旁的石頭，如此方式可以加速通過河床地形，確保平安。

拉繩區地形

● **特色**：在高落差的山徑路線架設安全繩索，屬於台灣的常見地形。
● **注意**：攀爬高落差地形需嫻熟技巧並克服高度恐懼的心理障礙。
● **要訣**：平穩心情並運用攀岩技巧緩慢移動。

拉繩區地形在國內的山徑越野當中，也是非常容易遇到的路況，因為台灣屬於山高水深的幼年期地形，不論是高山還是郊山都常見高低落差極大的地形，而在熱門的山徑路線就會架上安全繩索提供山友、跑友使用，構成拉繩區地形。

初次面對這樣高落差的拉繩地形，不論是往上爬還是往下爬，都會造成很大的心理恐懼，這不是快慢的問題，而是心理問題。很多人都會說自己有懼高症所以不敢爬，但是慢慢往上爬也是可以緩緩上去，恐懼常常發生在往下走的時候，正所謂「上山容易下山難」，

這時候只能先穩定心情，雙手拉緊繩子，但不要把身體的重心完全依靠繩子上，將自己想像成攀岩者的模式，三點不動一點動（即身體的一隻手、二隻腳，或是二隻手、一隻腳三個點組成一個三角形，由空出來的一隻手或腳往前移動），且重心貼近岩壁，緩慢移動身體。這樣的地形比較特別，不像是山徑或是石頭階梯以腳力為主，落差拉繩區地形唯有不斷反覆的練習才會比較適應，只是有誰會特別去拉繩區練習？所以在野外遇到高落差的拉繩區一定要小心謹慎，千萬不可大意。

↑面對拉繩區，千萬不可心急，通常有架繩子那就表示草叢的另外一面可能是個崩壁或是懸崖。

地形7 ▶ 大崩壁地形

● **特色**：常出現在高海拔山區的稜線兩側，地形危險，可能有大量的碎石坡。
● **注意**：避免墜落摔傷。
● **要訣**：1.冷靜觀察可行的路徑走向。2.將重心靠往山壁的一側，雙手張開維持平衡感。

　　通常會遇到這樣地形，比較多是在較高海拔的山區才會看到，大崩壁多分布在稜線的兩側，所以在登山的過程中，常常在上到稜線之前，最有機會遇到崩塌地形。遇到崩壁不用太過緊張或擔心，這時候先冷靜觀察一下路跡的走向，還是會隱約看出一條微微的路徑，通過崩壁的方式就是將重心靠往山壁的一側，每次一個人通過，將雙手張開維持平穩，如果會害怕的話，可以把手微微地靠在崩壁上，快速通過即可。

↑張開雙手保持平衡動作，重心可以靠近山壁這一側，若擔心不穩可以將內側手輕放在石頭或山壁上，做為一個平衡的依靠。

地形8 ▶ 林道地形

- **特色**：台灣林道拜早期林業開發之賜，常見水泥或泥土地面，路面寬廣。
- **注意**：泥土地面較崎嶇之外，大致上算好跑。
- **要訣**：適合做為越野跑的訓練場地。

　　台灣早年是林業十分發達的區域，尤其在日治時期，林道發達，一直延續至今，有些林道維持得不錯，有些林道沒有發展性就步入歷史，而林道的類型大概就是水泥地面及泥土地面，共通點就是有四輪傳動的汽車都能夠輕易到達。現在還有保持不錯的林道，例如郡大林道、丹大林道、中平林道等，其長度也不過是當年林業發達時距離的

一半甚至更短，但數十公里的距離拿來做為越野跑的訓練場地也綽綽有餘。

↑泥土地面的林道，在台灣山林之中也占有相當重的比例，面對泥土林道而言就如同泥土山徑一般，甚至比泥土山徑還要容易一些，過去的經驗參加過日本的越野100KM比賽就是在林道上所舉辦。

克服越野跑的天候因素

相信只要在台灣生活過一年以上的人，對於台灣的天氣變化應該有很深的感觸，因為可能會很熱很熱但是不會熱死你，可能會很冷很冷卻不會冷死你，這也是台灣四季變化的一種特色。夏天有颱風、冬天有寒流，時不時還有豪大雨特報之類的，可是這些對於喜愛戶外運動的人來說，都是一大考驗。

至於越野跑的活動，如果是參加比賽，主辦單位都會依照中央氣象局的天候預報做為依據。相信有長期參加比賽的選手都有遇過雨天比賽的情況，除非是颱風來襲或是豪大雨成災，不然在一般的氣候變化下，比賽很難會因為天候因素就延期。若是自己約團的越野跑訓練，對於天氣好壞的要求就會比較高，畢竟很少人會這麼有鬥志的在下雨天出去跑山吧！

善用氣象軟體看預報

從事戶外活動數十年的我也常常遇到活動出發前，持續下雨的天氣，常常這時候就會士氣低迷，究竟是要按照計畫進行還是延期擇日

再戰，往往就在決定延期之後，當周又轉成晴天模式，令人扼腕！

　　所以身為一個戶外活動的愛好者一定要有安裝氣象APP，隨時手機就可以觀察天氣雷達回波圖，電腦裡也一定要把中央氣象局的網站（www.cwb.gov.tw）設定為我的最愛，以便在每次活動之前先觀察一下未來幾天的天氣變化

防水措施不可少

　　而在裝備跟衣著的準備上也會跟晴天的時候有所不同，最重要的一點就是要做好防水工作，特別是現在人手一機的情況下，手機最害怕進水，防水的方式除了使用防水袋之外，最好要做雙層防水，例如在防水袋外面再套一層封口袋，另外一個害怕濕掉的就是皮夾，皮夾內多半是鈔票還有信用卡等，雖說鈔票濕掉還是可以弄乾，但是濕濕

↑手機、相機等電子產品先用防水袋包妥，外層再加一層如照片所示的夾鍊袋（封口袋），多一層防水保護。

↑有時越野跑會遇到崎嶇不平的地形，再加上山區氣候變化難測，更增加挑戰性，也突顯萬全準備的重要。

的總是很麻煩，防水的方式一樣是用雙層（防水袋＋封口袋），只是大家總是容易忽略了皮夾也需要防水。

輕便雨衣是應急好幫手

在穿著方面，因為天氣濕冷的情況下，除了建議以長袖服裝為主之外，我想多數的運動選手不論是職業級或是業餘者，都一定會有長袖及短袖的運動服裝，通常也不只有一套，因此要隨著天候狀況來選擇自己適合的運動服裝。本身怕熱的人可以短袖加上袖套，配上長壓縮褲，怕冷的人可以直接選擇

長壓縮衣跟長壓縮褲，另外頭部保暖也很重要，帶上一條頭巾可以保暖頭部，也可以防止汗水滑落到眼睛。當然風衣外套是不可或缺的裝備，特別是在長距離的訓練或是比賽，可以利用風衣外套隔絕外部的風直接侵襲身體，維持身體內部的中心體溫，我個人還會特別準備一件輕便雨衣，以防真的太濕冷的狀況下，可以多套一層防風防水的裝備，而且輕便雨衣也容易取得（幾乎每間便利商店都買得到），加上折疊方便，容易塞進背包內攜帶，價格又便宜，真的是戶外運動應急的好裝備。

↑除了長袖衣物及頭巾等保暖措失，隨身攜帶輕便雨衣，以應付突然遇到的濕冷氣候。

越野跑的安全性

關於越野跑的問題，最多人常問：要不要穿越野鞋？要不要背越野包……另外一個最常被問的問題就是，跑越野很危險耶！這條路線安不安全？我不知道路怎麼走？……等問題。

對於安全性的問題，我總是困惑了好一陣子，因為說危險好像也沒有太危險，說安全好像也沒有太安全，而我本身有登山的背景，所以習慣在山徑走動，對於山野有一定程度的認知，因了解而感到安心，多數的跑友之所以會擔心，會有不安全感就是對於山野的觀念稍微不足。

登山會有山難事件，騎單車會有車禍事故，從事每一個戶外活動本來就會有一定的風險，這樣所謂的風險應該是相較於在操場跑步或是在河濱跑步而言，即便是操場有PU的跑道、平坦的地面，也是有可能一個不小心扭傷腳踝，或是腳打結而撲倒擦傷，風險是時時刻刻都有可能發生的，而我們要學習的是，如何面對風險？如何降低風險的產生？才是更積極正面的作為。

風險①：迷路

不論是比賽還是自己約跑團練，多多少少都會遇到迷途的情況，重點是迷路了該怎麼辦？還有就是如何知道自己迷路了？最怕的情況就是已經迷路了卻不自知，而這樣的情況會更危險。

不論是越野跑或是登山健行，只要來到山區山徑就一定要時時留心注意方向，而不是低著頭一直走、一直走，要記得看看前面的路況，也要不時回頭看看後面的路況。回頭看路是因為當你回程的時候就是看到這樣的景色或路況，且要留意路邊的登山路條、路牌、倒木或是大石頭，在山上可沒有像大馬路口一樣的路牌，有清楚的路名讓你指認，在一片綠綠的樹林當中，大石頭跟倒木是比較明顯的地標，走到岔路口一定要停下來觀察一下，目前的登山人口頗多，都會有登山社團在重要路口設置「小小的」方向指示牌，有帶相機（或是使用手機的照相功能）的人可以拍下岔路口的相對位置，

↑某些山徑的重要路口，會有登山社團所設置的指示牌，供山友及跑友辨識。

這些小動作都可以確保你萬一迷路的時候，可以找到走回正確山徑的依據

此外在每次行程出發前，先上網做功課，在網路資訊發達的時代，大家都樂於分享資訊，所以要上網尋找這次行程的相關資料或是照片，先瀏覽會經過的一些重要地點（或是地標），例如涼亭、指示牌、小木橋、岔路口等諸如此類的明顯地點，可對行程有初步的了解，甚至利用GPS去下載座標或是航跡圖，可以多一成的安全保障。

就實務上來說，一開始發生迷途，或是失去路徑的時候，第一個動作就是先停下腳步，若有隊友一起，就先與隊友討論先前行走的路基路徑，若是討論不出結論，則按原路退回到可以明確知道自己位置的路徑上，像是明顯山徑、指示牌、登山路條，若只是簡單的失去路徑走岔了，要記住先派一人做先鋒去尋找原來的正確山徑，一人留在原地等待並確認先鋒人員走回正路，而且兩人的距離

必須維持在能大聲呼喊也聽得到的距離，此作法，可以避免先鋒人員萬一無法找到正路時，可以聽聲辨位退回到原來的迷路點，再一起循原路退回到確定的路徑。

若真的不幸在山徑中遇到迷途，一定要冷靜，因為已經確定自己迷路了，就表示沒有能力找到正確的山徑，這時候一定要先檢查身上的裝備，然後想辦法對外求援，切勿莽撞地亂走企圖想要找到正路，以目前的搜救制度會把握黃金救援72小時，被搜救者也要努力維持生命度過孤立無援的兩晚，只要能撐過第一晚，被搜救的機會就會大增。

風險②：失溫

在野外只要溫度夠低、能量散失的機制夠強、暴露的時間夠久，每一個人都有可能成為失溫的受害者。通常失溫多半發生在高山百岳的危險狀態，在高山上由於高度所造成的低溫，加上風寒效應及潮濕，寒冷可能是加害登山者或越野跑者的一個重要因素，失溫必須從預防著手，早期察覺，並迅速適當地處置。

在日常生活中，我們每日正常的三餐即可提供一天所需的能量，但在登山或是越野跑山這種長續性而耗氧的運動時，就會明顯不足。血液中直接用作能源的葡萄糖很快耗盡，而肝醣又來不及釋放，我們就會發生頭暈無力，嚴重點還會狂冒冷汗等低血糖症狀，除了走不動，也增加失溫的危險。

要如何避免失溫，從簡單的作法開始，可以區分為內在及外來因素，外來因素來說，面對低溫環境，要防止體溫的散失，可從衣物上著手，採用洋蔥式三層穿法，最內層的排汗衣，可以將汗水導出，減少熱傳導，維持身體溫度；中層保暖，在運動過程中也許無法全時段穿著保暖衣物，但只要休息時間就應該做好保暖工作，而保暖衣物通常多為刷毛外套或是羽絨外套等；外層防風，最外層就是大家所熟知的防水透氣外套，如GORE-

TEX外套，可以隔絕強風及水氣，避免內層衣物因為潮濕而失去保暖效果。此外在越野跑的裝備中已有提到求生毯這個物品，求生毯體積小又輕薄，功能性強，主要就是利用反射紅外線的原理來保溫，當攤開錫箔製的求生毯包圍住身體，可以避免大量散失體溫。

在山野活動不論是登山健行或是越野跑山，一個基本的觀念就是要時時補充能量，在行進間嘴裡含顆糖果、巧克力，或吃幾片餅乾以及補充水分，即所謂的內在因素，如此一來才能維持在長時間運動下本身的能量，因為當體能下降的時候，內外在的環境因素都會對自己不利。

防止失溫的方法

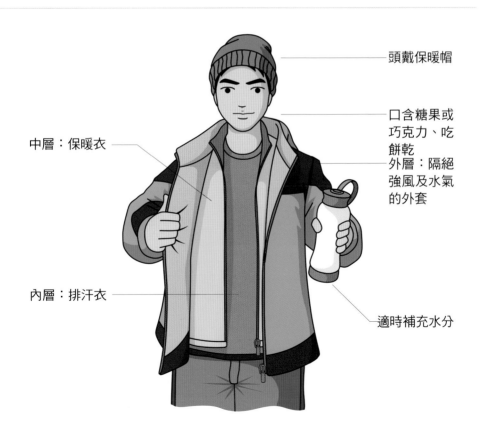

頭戴保暖帽

口含糖果或巧克力、吃餅乾

外層：隔絕強風及水氣的外套

中層：保暖衣

內層：排汗衣

適時補充水分

風險③：墜落

在越野跑環境中，也會有墜落發生的可能性。就目前越野實務上遇到的墜落來說，通常是踩空滑倒、山徑崎嶇導致扭傷、跌倒等情況，如果遇到這類問題，首先要判斷墜落該員的狀況，若能自行爬起，記得要檢查身體無恙，是否有扭傷、撞傷頭部或其他部位，做好基本檢查後才能繼續前進，以免造成二次摔傷事故。若是嚴重墜落，則必須比照登山安全事故的救難機制來處理，首先分配人力支援，觀察環境地形，了解墜落者的受傷狀況並且記錄，對外求援等。

風險④：蚊蟲叮咬

其實在多數的越野活動當中，遇到蚊蟲的機會，會隨著海拔高度上升而減少。依我的經驗，在高山百岳越野跑的時候，也許是因為海

拔高，所以蚊蟲並不多，但是來到中級山區或是城市近郊，雖未實際被蚊蟲叮咬，確實常遇到許多不知名小蟲的襲擊，特別是蜘蛛網最常遇到，尤其是走在前方的第一個人，常常要對抗的就是蜘蛛網。另外就是夏季最常見的小黑蚊，在越野跑的過程，時不時會不小心跑進口鼻，造成呼吸不順或是跑步分心而跌倒。

解決的方法很簡單，就是在醫藥包多準備一條蚊蟲軟膏或是面速力達母之類的藥膏，可以做一個簡單的擦拭處理。

風險⑤：運動傷害

如果很不幸在戶外運動過程中受傷，第一件事情就是先停止運

越野小學堂

發生墜落事故時，切記不可所有隊員前往墜落現場，領隊要將現有人力做最有效的分配，必須有人在安全且易於對外求援處；留守人員應與前往救援者保持聯繫，避免救援者也受困。若經過評估並無自救能力，即應放棄接近傷患，直接手機直撥112對外求援。

↑越野跑因為地形多變，如遇碎石、陡坡、潮濕路面、苔蘚岩地等易滑路面，稍有不慎容易受傷，跑者應具備正確急救知識才能減低意外傷害。

動，往往有很多人在比賽或是運動過程中，明知道已經受傷，卻不顧傷勢持續運動下去，運動精神固然可佩，但這也許會造成更嚴重的傷害。

常見的越野運動傷害不外乎扭傷、拉傷、撞傷或挫傷，受傷之後的最佳的處理方式就是去看專科醫生或是請專業人士幫忙評估，看是否有造成韌帶斷裂或是肌肉組織破壞的傷害，避免自行處理而延誤病情。

另外針對這些運動傷害的維護，在經過專業人士的評估建議

後，除了休息之外，還可以採用「POLICE」處理法，在家做自我恢復的工作，所謂POLICE就是：保護（Protection）、適量復健（Optimal Loading）、冰敷（Ice）、壓迫（Compression）、抬高（Elevation）的字首組成。保護就是休息的一環，再輔以適量的復健來強化患部，而前提是做完冰敷、壓迫、抬高三步驟之後，確認受傷部位得到基本的處理，待24到48小時後再改用熱敷。若患部在24小時後持續腫脹、疼痛加劇，則必須再回到醫院做進一步檢查與治療。

冰敷 Ice

讓受傷部位止血、消腫，每次冰敷約15～20分鐘，再斟酌調整是否持續冰敷。

適量復健 Optimal Loading

可幫助恢復肌力與膠原組織形態，避免長期休息造成傷處萎縮。

POLICE 處理法則

壓迫 Compression

冰敷後在患部施壓包紮，以阻止繼續出血且可消腫。

保護 Protection

採取避免運動傷害的策略，例如：行動不便時使用枴杖。

抬高 Elevation

將傷處抬高，高於心臟的水平位置，緩和出血及減少腫脹。

ⓘ 阿虎隊長小提醒

冰敷的功能在於降溫、使血管收縮、代謝率降低，藉此達到減輕疼痛以及抑制腫脹發炎的效果。相反的，熱敷會使體溫升高、血管放鬆、代謝速率增加，並且促進局部循環，可以有效提升組織自癒能力，及放鬆緊繃的肌肉。

因此，當急性運動傷害發生時，受傷初期先以冰敷來抑制出血及發炎的情形。當腫脹的情形已經減緩或停止，這時就可以開始進行熱敷，可促進血液循環、組織代謝，讓患部加速復原。

越野跑的山野倫理

從登山倫理到越野禮節，這是有異曲同工之意，同樣是進入戶外大自然，而我本身就是一個登山人，過去從事戶外登山運動長達十五年之久，對於台灣山林情有獨鍾，除了山水景色萬千，令人心曠神怡，四季變化、鳥語花香，每每進入山林總能釋放出身心的壓力與束縛，這是接觸山林的初衷；也因為想更了解山林而去學習山野知識，大自然往往就是我們最好的老師，懂得保護自然環境，才衍生出許多登山倫理，我想越野活動也是一樣的道理。

越野禮節

經常在山林步道中活動，就會發現不單只有登山的人，還有許多運動的人，人人都平等，不論是登山人或是運動人，共同享受山林的美好，而當人與人相遇的時候最基本的禮節就要遵守：

1. 迎面遇到山友，打聲招呼，視路況環境禮讓先行。

2. 從後方趕上時，要提前發出聲音，提醒前方先行的人有個心理

林務局國家森林遊樂區生態旅遊遊客守則：

（一）請帶著尊重自然的心，來鑑賞園區內動物、植物、地質、地形與氣象等自然生態之美。

（二）請珍惜自然資源，隨手做環保，垃圾減量及分類，回收資源，留給園區清爽的環境。

（三）徒步健行與單車旅行最有益健康，亦可充分享受大自然。

（四）順著步道前行，避免破壞污染溪床、溼地與地形脆弱的環境。

（五）國家森林遊樂區內不歡迎流動攤販，也請您勿任意購買。

（六）請用欣賞、體驗與觀察代替採集、破壞、刻字、污染及捕獵。

（七）進入園區內請儘量使用環保餐具，或攜帶可重複使用的容器。

（八）在自然的環境中，宜著與自然環境相調和的衣褲、寬緣帽、運動鞋或登山鞋，並隨時預防蛇、蜂與蚊蟲叮咬。

（九）在大自環境中，攜帶或引入外來的動植物，將帶來生態的干擾與破壞。

（十）謹慎安靜的旅行，避免干擾野生動物的生息。

（十一）請學習並尊重社區的生活與文化。

（十二）除了攝影，什麼也不取；除了回憶，什麼也不留。

準備。

3. 林務局有規範十二條國家森林遊
　樂區生態旅遊遊客守則，不僅是
　進入森林遊樂區才要遵守，當進
　入山林就必須共同遵照此規範。

無痕山林運動（LNT）

　　無痕山林運動是源自於美國
的無痕旅遊（Leave No Trace）的概
念，至1980年起由美國政府的相關
單位、關於環境教育團體及學者、
各界保育團體、戶外用品製造商、
登山健行團體等等相關部門共同
發起此項全國性教育推廣運動——
Leave No Trace (LNT)，教導民眾對

待自然環境的正確觀念與技巧，協助將旅遊活動對大自然的衝擊降到最低。

　　而我們相關政府單位自2001年起推動全國步道系統建置計畫，在推動山林運動之餘，也透過環境教育及登山觀念的深化，減少山林衝擊，一如過去大家所熟知的口號：「除了攝影甚麼都不取」、「除了足跡甚麼都不留」，2006年在林務局舉辦的全國步道環境優化研討會中，正式定名「無痕山林運動」，同年發表：〈無痕山林宣言〉，雖然無痕山林運動推動至今逾十年的時間，還有很長的路要走，但這樣LNT的觀念透過學界、岳界各方的參與及努力，逐漸深植每個戶外愛好者的內心。

無痕山林的準則

　　身為一個戶外越野玩家亦或是冒險登山家，都必須要有無痕山林

（三）適當處理垃圾維護環境Dispose of Waste Properly

（四）保持環境原有的風貌Leave What You Find

（五）減低用火對環境的衝擊Minimize Use and Impact from Fires

（六）尊重野生動植物Respect Wildlife

（七）考量其他的使用者Be Considerate of Other Visitors

的觀念，主要是提醒我們在面對山林環境時，應該要有的責任及對環境的關懷，以盡可能的方式來減少對於環境帶來的衝擊，而達到親近山林的目標，因此林務局整合歸納出七大準則。

（一）事前充分的規劃與準備Plan Ahead and Prepare

（二）在可承受地點行走宿營Travel and Camp on Durable Surfaces

為宣導無痕山林運動，此為林務局所印製的「登山淨化論」文宣品，向民眾說明正確的親山、護山的觀念及行為。

資料來源：行政院農業委員會林務局（www.forest.gov.tw）

3 選鞋、穿衣、挑背包，

跑山裝備不能少

越野跑的環境跟一般路跑不同，因為大自然的地形及氣候多變，所需裝備也相對較多，甚至部分與登山裝備雷同，在設計上也訴求輕量、專業、實用。

本章教你

- ● 認識基本裝備有哪些？
- ● 越野鞋和一般運動鞋有何不同？
- ● 越野背包的特色
- ● 半日輕越野該怎麼準備？
- ● 一日長越野該怎麼準備？

認識越野跑的基本裝備

　　欲善其事，必先利其器，開始越野跑需要準備哪些裝備？這是我最常被問到的問題，「需要穿越野鞋嗎？」「一定要帶水袋越野背包？」「要帶多少的水？」……確實越野跑跟一般路跑賽有很大的不同，我會依照個人所需要的行程或是越野活動性質，例如比賽或團練而有所調配，但是必備的越野裝備及安全裝備則不可忽略。

　　身為一個正港的越野人，擁有一大堆裝備是很正常的現象，就像玩單眼相機的人，防潮箱內總是有缺少一顆鏡頭的感覺，熱愛跑馬拉松的人永遠都缺少一雙跑鞋一樣，那麼鍾情越野的人究竟需要那些裝備呢？越野背包、越野鞋還是風衣外套？

　　我根據過去越野跑山的經驗，羅列了數十樣每次都會跟我出勤的裝備來跟大家分享，這些裝備又分為必要裝備跟選配裝備，而擁有下列裝備是進入越野界很基本的條件，以便針對不同性質的越野活動做好裝備攜帶的規劃。

越野鞋

越野跑顧名思義就是跑在非平整的道路上，所以越野跑鞋就是入門的第一個必要裝備，選擇抓地力強、耐磨的越野專業鞋，也是我覺得有別於一般跑步的最大差異點。

目前國內的戶外品牌所推出的運動鞋款琳瑯滿目，最基本的就是挑選越野鞋款，越野款的鞋子會針對鞋底及鞋身的包覆性和強度做一定的加強，鞋面具有防水透氣的效果，以應付長時間的奔跑過程，不至於腳掌潮濕或是冰冷導致體能流失。其次可以再根據路線性質以及個人腳掌的寬窄來選擇輕薄赤足款或是登山健行款的越野跑鞋，這之間最大的差別在於鞋底的紋路、硬度、厚度，還有鞋面的包覆性，鞋子的選擇沒有最好，只有最適合的，在買鞋前一定要多試

穿、多比較。

即使是越野鞋也是有區分不同性質，有的會針對足弓（腳掌）及足後跟做加強，特別是百公里的越野賽，因為到了後半段賽事，需要穩定性佳的鞋款，才能支撐已經疲勞的足部肌群，避免選手在太勞累的情況下意外扭傷腳踝或是阿基里斯腱。至於短距離賽程就可以選擇較為輕量化的鞋款，通常會以零落差的赤足款為主，也就是前腳掌與後腳跟落差小，更貼近地面可增加活動時的行動力，鞋子底部的顆粒不會太大，但為了應付短距離而增強摩擦力。建議重度越野跑友，準備兩雙以上的越野鞋是需要的。

1　越野跑鞋，為了因應崎嶇山徑及多變化的地形，在鞋身的設計上，採用比較強化的布面，可以抵抗樹枝岩石等摩擦，另外鞋舌的設計也會有些不同，有些會設計為一體式的鞋舌，來減少碎石細沙等小東西跑進鞋子裡（如上圖橘色款鞋）。另外一個最大差異，就是鞋底的紋路較為突出，以應付不同地形，更能防滑以增強摩擦力。

2　從鞋後跟可以看出兩雙越野鞋有差別，灰色款的後跟高於橘色款的鞋子，鞋後跟對足跟的支撐可以保護阿基里斯腱，相對於橘色款這雙屬於前後足零落差，在鞋款定位兩者就有區分，灰色款適合中度以上越野，而橘色款適合輕度越野。

3　一雙好的越野鞋，幫助跑者在面對泥濘濕滑的路況時，也能如履平地般舒適。

運動襪

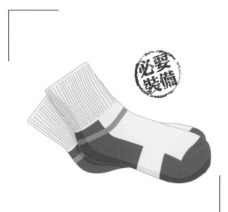

在過去運動的經驗，本來不太重視襪子的選擇，但是專業運動越走向專精之際，像是打籃球有籃球專用襪、騎單車有單車專用襪，越野跑當然也有越野專用襪，坊間已經有許多品牌推出越野專用襪。而在我多次個人跑山的經驗，建議穿較厚一些的越野運動襪，因為在戶外越野跑的時候，時上時下、急跑急停的情況下十分常見，這樣的動作不僅對於腳踝膝蓋的衝擊力大，相對於襪子的衝擊力道也會比一般跑馬拉松等路跑來得強烈，因此加厚一點的越野運動襪，特別是前腳指頭有加強包覆，及足弓有加壓設計，可以增加對於足部的保護。

水袋越野背包

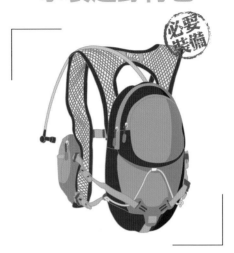

水袋越野背包也是進入越野的必要裝備，傳統的路跑賽或是馬拉松幾乎是完全不會用到水袋背包，而越野賽則幾乎人人一個水袋背包。由於日益興盛的山地越野賽越來越多，距離也越來越長，所以主辦單位也會主動要求選手攜帶水袋背包，以我個人而言，不論距離的長短，時間多寡，只要是越野跑的行程，我都會選擇帶著越野背包出勤。

跟一般後背包不同的地方就是水袋越野背包的貼附感極佳，可以應付快速移動而不至於被背包的晃動所影響，另外配合背包內含吸管水袋，水袋多為 2 L 容量，而這個容量的水袋也比較能符合國內多場越野賽的距離；此外，越野背包有別於一般背包的地方就是「加厚雙肩帶」，更能增強背包穩定性以減低晃動，在雙肩帶上同時設計了許多收納空間，可以增加背負容量，這些空間用來裝置水壺或是補給品等都非常實用，最大的用意就是方便越野人可以在行進中動態補給。

↑越野背包隨著越野跑的演進，也不斷進化，除內置吸管水袋外，在胸前兩側的加厚雙肩帶設計，可增加置物空間，讓跑者不用脫下背包就可以行動補給，背包的空間也會隨著比賽的距離而有大小之分。

排汗衣、緊身褲

我常看到很多人會穿著各大比賽贈送的賽事紀念衫來跑步，這些紀念衫的衣服雖然多數是排汗材質的衣服，但是品質還是有高低之分，如果只是住家附近的健行步道跑一跑，還算堪用，但如果是距離長或是海拔高的越野路線活動，建議越野跑者穿長袖的排汗衣或是緊身上衣，而這一類的衣服可以選擇登山用的排汗衣，或是知名運動品牌的緊身上衣亦可。不過依照台灣的天候及地形因素，比較不建議穿傳統的跑步背心，一來是考慮到要能保護背著背包的肩膀，二來有袖子較能增加保護性。台灣的山林環境非常容易遇到植披覆蓋山徑的情況，或是蜘蛛網叢生的路徑，以及芒草區的路況，這時候長袖的上衣就可以多增加一層保護。

以褲子來說，仍是建議越野跑者以緊身長褲為主，也因為台灣山林環境的關係，穿著長褲可以保護

自己避免直接接觸到植披或是蜘蛛網等外來物，而另外變通的方式就是穿短的緊身褲再搭配小腿套，這樣的穿搭運用我會依照路線以及季節來做調整。我本身還習慣會在長的緊身褲之外再搭配一件外褲，以運動短褲或是海灘褲為主，

↑ 越野跑的基本裝備：帽子、水袋背包、手套、襪子、越野鞋，服裝以包覆性佳的長袖、長褲為主，若是短袖或短褲，可考慮搭配袖套、腿套，較有保護作用，以避免滑倒或被樹枝刮到受傷。

必要裝備

最好挑選以四向彈性布料製作的外褲，方便上上下下地跳動不至於被褲子卡到，多一件外褲的另外一個好處就是可以保護緊身褲，預防下坡不小心滑倒就磨破一件三四千元的機能緊身褲。通常外褲也會有口袋的設計，我在比賽過程中會將此口袋當作垃圾袋，以回收吃過的糖果包裝，既方便又不會亂丟垃圾。

越野小學堂

四向彈性布料（4-way Stretch fabric）是一種可同時橫向和縱向伸縮的布料，彈性極佳，適合登山、攀岩、各式運動的大動作需求，並減少擦傷破皮的危險，還有保暖效果。

袖套、腿套

此樣為選配裝備，配合衣褲的穿著來決定，腿套、袖套在國內的運動圈已經非常普遍，就我常接觸的運動中，包括單車、路跑、鐵人三項、登山健行等，都會運用到這兩個裝備，一來配合衣著習慣外，也要視天候季節的狀況做調整，二來穿戴袖套、腿套後，在較為茂密的山徑移動，可以保護越野跑者免於刮傷，因此搭配袖套、腿套是一種進可攻退可守的概念。

頭巾或小帽

這類裝備是用來保護頭部的，多數人會帶著小帽（即運動帽），我平常路跑的習慣也是如此，可以利用帽子來吸汗、止汗，還有遮陽的效果，但我在多次的實地野跑後，認為頭巾的功效比帽子來得好，因為除了具遮陽效果，

在山徑裡奔跑需要比較高的專注力，不單是要認真留意路面的變化，有時也要注意頭上的樹枝樹幹，若戴著帽子會被帽沿遮蔽掉一部分上方的視野，可能有撞到樹幹的風險，確實也是數次發生這樣的情況。

必要裝備

↑頭部保暖裝備，通常會選擇頭巾或是小帽，而我個人習慣使用頭巾高於帽子，帽子的部分除了運動帽外，有時我也會選擇「單車小帽」或是「中空帽」。

手套

手套也是選配裝備之一，可以依照路線來攜帶，通常遇到中級山的越野山徑會比較容易用到，或是競技比賽的時候，在講求快速效率的情況下，常常看到繩子就拉，看到樹幹就扶，帶著手套可以多一點保護，而手套可選擇「單車手套」，能保護手掌且手指可以靈活運用，若是天氣較寒冷或是路線較原始，則可選擇全指的防滑手套，也可使用一般的工作手套代替。

選配裝備

↑越野跑常需利用周邊環境，例如：樹幹、岩壁、繩子做為輔助工具，維持平衡、借力轉彎或順跑，耐磨、彈性佳的單車手套就是保護雙手的好幫手。

GPS 手錶

選配裝備

對於一個專業的運動愛好者，一支可以記錄各種運動數據的GPS（衛星定位系統）手錶已經成為基本配備之一，當然戶外越野運動更是需要，GPS手錶可以記錄航跡路線，了解自己跑過的時間距離，長期累積下來就可以做為一個比較的訓練數據。GPS手錶的品牌很多，價格落差也很大，當然一分錢一分貨，端看自己使用程度來選擇需要的手錶，如果是用一般運動手錶的馬表計時，我認為也沒有不行，只是相對行程的數據就少了許多。

↑對於喜愛戶外運動、有參賽計畫的跑友而言，GPS手錶可以記錄練習數據及比賽表現，以利進行分析與統計。

口袋風衣

這一項裝備容易被大家忽略掉，但我個人則是將口袋風衣列為必要裝備之一，而這件風衣也經常塞在我的越野背包內。在越野活動過程中，常常有可能會跑在稜線或是山頂上，許多的情況下會讓跑者曝露在迎風面，或者等待隊友的時候，此時口袋風衣的擋風防失

必要裝備

溫的功能就顯得重要，加上風衣輕量化可以收納成一個拳頭大小，攜帶方便，不論是長短距離的越野跑都是不可或缺的裝備，尤其是跑到山頂或是開闊處，遇到風大或休息的時候可套上保護身體，減少強風吹拂，避免風寒效應加速失溫。

太陽眼鏡

太陽眼鏡是屬於選配裝備，可依照個人運動習慣來配戴，就我個人而言，戴著太陽眼鏡可以保護眼睛免於在烈日下感到刺痛，也能避免風沙，而在山徑裡快速奔跑的時候，不被樹枝、樹葉等外來物入侵眼睛，所以我習慣戴著太陽眼鏡跑步。

選配裝備

手機（相機）

目前手機的拍照功能都很精良，可以兼具拍照及錄影的功能，一機兩用，可取代相機，手機還能通訊便於聯絡，在交通不便或是人煙罕至的越野山徑，身上有個可以對外聯繫的裝備是一件很重要的事。基於一物多用途的原則，手機視為必要裝備，就目前實務上的越野賽事，多數的主辦單位也都會要求選手攜帶手機，並且記錄下賽事聯絡人或是機動人員的電話，以策安全。

> ⓘ **阿虎隊長**小提醒
>
> 出門前記得要充飽電，因山區網路訊號弱，可關閉網路節省電力，並在事前下載 GPS 航跡或路線圖。

行動電源

現代人幾乎人手一機，手機沒了電，人也跟著失了魂，所以將行動電源列為選配裝備，如果背包還有空間可考慮背上去。

風雨衣

此處所說的風雨衣與前面所提到的口袋風衣是不一樣的裝備。口袋風衣是短暫的抗風外套，而此處所提的風雨衣就是防風防雨快乾的外套，也是俗稱的GoreTex外套。一般建議如果是要去跑海拔超過兩千公尺以上的山區路線，一件輕量化的風雨衣是非常重要的裝備。

台灣山區的氣候變化萬千，加上地形的影響，有可能早上晴天、下午雨天，而可以防風防水的風雨衣外套，可以保障跑者的中心體溫，避免在大量流汗後一下子被風或雨帶走體溫，因此這也是一項屬於安全裝備的必需品。就我過去的經驗，在大陸參加越野賽的時候，因為海拔較高，早晚溫差又大，大會強制規定所有的跑者都必須全程背負風雨衣外套。

選配裝備

↑ 在天氣多變的山區地形，尤其是高山百岳，風雨衣是不可或缺的裝備。

> **ⓘ 阿虎隊長小提醒**
>
> 跑山時，越野背包內可放一件輕便雨衣，因為郊區氣候變化不定，臨時遇到下雨、風大的情況時，輕便雨衣可應急。

保暖衣

我將保暖衣列為選配裝備，端看路線來做為選擇的考量，例如之前在大陸參加百公里越野賽或是自己安排台灣高山越野路線，動輒需要十多個小時以及上升到海拔三千多公尺的山區，會面臨溫差過大的情況，此時在最外層的風雨衣可以抵擋風雨，避免迅速流失體溫，而內層的保暖衣物的功能就在於維持體溫。

保暖衣的選擇，建議仍以登山服飾的刷毛衣或用羽絨背心、羽絨外套取代為主，另外有些運動品牌也推出自家的保暖型貼身機能上衣，這樣的上衣都會有一定的厚度，收納起來大約比易開罐的汽水瓶還要大，雖然占背包空間，但面對強風低溫的環境下，一件內層保暖衣可以維持身體溫度，不至於有失溫風險。

選配裝備

地圖

對於地圖，有許多朋友總是跟我說，他完全看不懂，也不會分東南西北，但我會建議多準備一份地圖，即便看不懂也可以拿出來問人，或是出發前查詢網路上很多山友分享的手繪簡圖，可幫助越野跑者了解相對位置，跑山時也會比較有概念。

如果是不曾去過的路線，我一定會準備一份路線圖，並且事先上網看看別人的紀錄，或如前面所提，其他跑友所留下的GPS航跡路線也是一個管道，現在的跑友都很熱心，也拜科技所賜，要找到相關路線圖並不會太困難，更周全的作法就是上網找看看山友所寫的登山紀錄並列印下來，好好研讀以了解路況。

地圖如何使用

跑山的事前功課——規劃好路線圖，跑起來更輕鬆、安全，而看地圖有兩個重點：
1. 地圖的上方是北方，首先地圖要歸北。
2. 確認出發地點、延線重要地標。

衛生紙

過去我們在登山的時候總是說，衛生紙是登山時候的鈔票，千萬別因為忘記帶了衛生紙而隊伍撤退。屬於生活必需品的衛生紙，在進到山裡面時更是不可缺少。所以我的越野背包內一定會放置兩包袖珍包衛生紙（在便利商店就可以買到，十元就三小包），但是為了維護山林環境，落實LNT無痕山林的精神，記得多準備一個小袋子回收自己使用過的衛生紙。

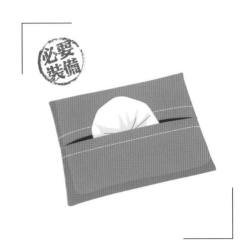

求生毯

求生毯是重要的必要裝備，而且非常的輕量化，說穿了就是一張可以隔絕溫度的錫箔紙，如東京馬拉松也都會在終點線後發放給選手，以防止身體表面被強風低溫帶走體溫。長期在跑越野的人背包裡面一定要放一張求生毯，許多長距離的越野賽也開始規範選手必須攜帶求生毯，真的需要打開它的時候，也許就是在生死一瞬間的時候了。

簡易醫藥包（急救包）

醫藥包是最容易被大家忽略的裝備，說真的一開始跑山的時候，我也時常忘記攜帶，但是幾次越野活動之後發現，偶爾還是會有同行的隊友發生小擦傷，這時候如果有個簡易醫藥包就能迅速處理傷口。所裝內容物可依照每個人的習慣，準備著簡單的醫療用品，例如消毒外傷的白藥水或優碘、生理食鹽水、OK蹦、紗布、膠布、棉花棒，以及凡士林、蚊蟲藥膏、消炎藥膏等。

行動糧食

也就是所謂的運動補給品，只是越野跑的時間通常較長，如果都用運動專用的運動補給品，成本可能過高，所以改用登山人所說的行動糧食，以體積小、重量輕、易保存、營養高（即高熱量、高蛋白）的食物為主，例如：巧克力、軟糖、花生、羊羹、肉乾等高熱量食物取代，最重要的是方便在行進間食用，適時補充體力。

午餐

如果是安排半天以上的越野行程，中午的糧食補給非常重要，通常會以飯糰或是麵包為主，以肉乾為輔，重點是挑選有飽足感及自己喜愛吃的食物，而且建議準備足量的食物，所謂的足量是依個人的食量大小來準備，最重要的就是一定要吃飽，吃飽才有力氣應付接下來的行程。

選配裝備

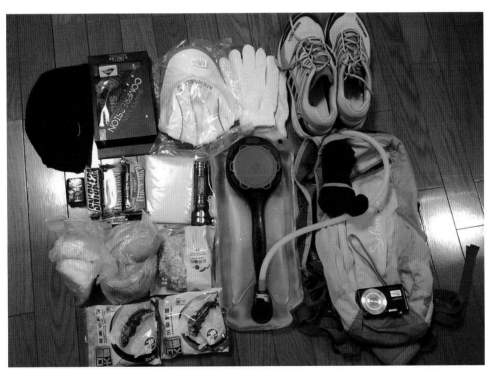

↑進行高山越野行程，除了高熱量的行動糧食外，準備雙份量的飯糰、麵包或是包子，可以當作午餐外，當活動持續到下午，覺得體力流失過多時，也可以多補充一份餐點。

防曬油

是否攜帶防曬油或防曬乳液，端看個人習慣，若是要參加三千公尺以上的高山越野行程，建議準備一罐在身上，畢竟高山上幾乎沒有太多的遮蔽物，紫外線又強烈，一天的行程下來幾乎每個人都會曬傷。

頭燈、電池

頭燈是戶外越野的一項安全必要裝備，基本上如果預定的越野行程是會超過中午的時間，也就是有攜帶午餐的越野活動，建議需要攜帶頭燈。頭燈輕巧不太占空間，塞在背包的下層，不會對於跑者有太大的影響。隨著自己的越野跑行程越來越多，我習慣在背包內固定放置一顆頭燈，如果萬一摸黑了，包括一些不可抗拒的因素，例如隊友受傷了，嚴重影響前

進速度，導致有摸黑疑慮，或是真的跑錯路，迷失在錯綜複雜的山林中，這時候有一盞明燈會帶來安定的感覺，當然定期要檢查電池是否電力充足。

> **ⓘ 阿虎隊長小提醒**
>
> 手電筒與頭燈一樣屬於照明設備，差別在於手電筒必須手持使用，當在多變的地形環境下移動時，少一隻手維持平衡及輔助，總是少一分安全感，建議越野跑者攜帶頭燈較為理想。

路線決定裝備

當遇到不同距離的越野路線，所需要的裝備就會略有差異，如何選擇適當的越野裝備？可以從距離的長短及預計花費的時間兩方面來考量，以目前國內的越野活動性質，大致可以分「半日輕越野」及「一日長越野」兩項為主。

所謂「半日輕越野」，多數以現有的登山步道為主，例如陽明山國家公園內步道系統、觀音山系、貓空一帶的二格山、猴山岳等大眾化登山路線，就屬於入門的越野活動。而這樣的越野行程交通易達性高，路線距離大約到在20公里以內，有運動習慣的跑友應該可以在4個小時以內完成。

「一日長越野」則是長距離或是超多4小時以上的行程，甚至是高山百岳路線，以目前國內來說比較代表性的比賽就是「TNF100公里越野賽」、「AA50動感亞洲越野賽」等，近來還有自助超馬家族所推出來的長距離越野賽也廣受好評，因為距離長、海拔落差大、變數多，所以難度增加，往往比賽的完賽率都未達九成。

至於難度最高的「多日長越野」，目前過內不多見，比較常見是許多國外超過百公里的越野賽事，通常都在30小時到48小時左右的時間，這樣的多日長越野賽也是值得重度越野跑友挑戰的賽事之一，其所需要的裝備常是雙分量的長越野裝備。

半日輕越野

「輕越野」是目前最多人進入越野跑的第一個選擇，先挑選簡單的郊山步道系統，跑在半人工化的步道，初步體驗越野跑的魅力，即便路線看似輕鬆，最好事前先步行走過一次，這樣子更能夠掌握路線狀況及時間。

輕越野雖然是入門級路線，越野距離長短不一，但多數在20公里以內，花費的時間幾乎不會超過半天，

基本的越野裝備仍不可少，多一分準備就多一分安全，越野鞋及越野背包是最基本的配備，一雙適合的越野鞋是進入越野的第一要件，越野背包則是越野跑者的第二生命，不論路線長短，背包在身就安全備增，越野背包內除了背負活動需要的水量及補給食物外，也應備妥求生毯、簡易醫藥包及衛生紙等安全裝備。另外就是留意穿著，除了依照季節不同選擇長短袖穿搭，還可以依個人運動習慣及路線的環境，決定穿著搭配的方式。

■ 半日輕越野基本裝備

□ 越野鞋	□ 水袋越野背包	□ 越野專用襪
□ 緊身衣褲	□ 求生毯	□ 口袋風衣
□ 衛生紙	□ 簡易醫藥包	□ 手機、行動電源
□ 頭巾或小帽	□ 手套	□ 行動糧食、水

一日長越野

要應付一整天的越野活動，裝備上要更嚴謹準備，而且要依照路線的差異做不同的選擇，先從個人身上的基本裝備說起，頭巾、太陽眼鏡、排汗衣、緊身褲、手套、越野鞋襪、越野背包都不可少，準備原則比照「輕越野」的概念，而一日長越野的最大差別就在於背包內的物品，首先是水量的需求。

若是參加比賽，事前工作就必須查詢路線圖，確認每個補給站之間的距離，以便推算背負水量；若是自組越野活動，事前必須了解到此行的補水點或是水源處的距離，再考慮背負水量的多寡；若是水源取得不易，出發時就要計算水量，

一次背足所需用水。而屬於安全裝備的求生毯、醫藥包、衛生紙等也不要遺漏，再者就是準備午餐及補給品。

長時間的越野活動，要考量每人的食量決定午餐份量，也可依照個人飲食習慣準備喜愛的食物，補給品的部分，以體積小、熱量高的食物為主。通常行程到了下午相對消耗過多體能，建議下午的補給品分量要比上午預估的多上一倍，以補充體力。

■一日長越野基本裝備

□ 越野鞋	□ 水袋越野背包	□ 越野專用襪
□ 頭巾或小帽	□ 緊身衣褲	□ 太陽眼鏡
□ 手套	□ 求生毯	□ 口袋風衣
□ 風雨衣外套	□ 頭燈、電池	□ 手機、行動電源
□ 衛生紙	□ 簡易醫藥包	□ GPS手錶
□ 午餐	□ 行動糧食、水	□ 地圖（路線紀錄）
□ 防曬油		

越 野 跑 裝 備 一 覽

必要裝備

☐ 運動襪

☐ 越野鞋

☐ 水袋越野背包

☐ 頭巾或小帽

☐ 頭燈、電池

☐ 簡易醫藥包

☐ 衛生紙

☐ 排汗衣、緊身褲

☐ 口袋風衣

☐ 行動糧食

☐ 求生毯

☐ 手機（相機）

選配裝備

☐ 太陽眼鏡

☐ 防曬油

☐ 風雨衣

☐ 手套

☐ 保暖衣

☐ 袖套、腿套

☐ GPS手錶

☐ 行動電源

☐ 午餐

☐ 地圖

4

體能技術篇

這樣做，
練出越野跑的實力

在大自然中進行越野跑活動，若沒有好的協調性和冷靜的判斷力，很難從容應付多變的路況及複雜的地形；而平時肌力與體能的訓練就很重要，有扎實的體能基礎再學習跑特殊地形的技巧，更能達到事半功倍的效果。

本章教你

基本體能訓練有哪些？
什麼是法特雷克訓練法？

有效鍛練核心肌群的方法
挑戰台灣特有地形的技巧

基本體能訓練

基本上來說，個人體能的建立需要持續性的運動作為基礎，鍛鍊體能就像是建造金字塔一樣，打底工程必須穩固，讓金字塔四邊有堅固牢靠的基底，才能逐步往上搭建。跑步也是如此，有扎實的體能訓練，再進階到技巧練習，最好能請教專業教練來指導，才會穩定地提升體能與速度。持續性運動往往也是大家最容易放棄的一環，常看到許多人想一步登天，見到別人進行高強度的訓練也想跟進，卻沒有考慮到對方也許是花了三、五年的時間才累積起運動基礎，貿然地進行高強度訓練，最大的風險就是導致運動傷害，對自己有害而無益。

在過去或許有些人會說，只要一直跑、一直跑就會進步，對於這句話我並不完全認同，因為「一直跑」應該是指持續維持運動的習慣，但一直跑的進步幅度有限，到了一定門檻就會遇到瓶頸。就跟建金字塔一樣，穩固好地基後，就要運用建築工法才能往上建設，越建越高、越建越尖，跑步亦同，體能根基打好後，就需要運用一些訓練

技巧跟方法，才能在速度表現上突破。

　　其實運動也是講求方法和效率的，近來也走向越來越專業的科學化訓練，利用科學統計數據來量化運動員的能力，包含了許多穿戴式的運動產品（GPS手錶、心率計等），訓練方法及項目百百種，在此為大家歸納鍛鍊體能的大方向：有氧跑、LSD長距離慢跑、間歇訓練，此外針對越野跑的部分，增加法特雷克的訓練，以及隨時隨地可以搭配訓練的核心運動等。

1 有氧跑Easy Run

　　有氧跑其實是不需要特別訓練就可以去執行的運動項目，但剛開始建立基礎體能時，有氧訓練的過程是最花費時間的，它的重要性如同前面所提的金字塔底部工程一般，相對地，也需要比較長的訓練時間才會看到成果，而非一蹴可幾。對於初階的跑者而言，通常專業教練會建議在每週的訓練過程中，百分之七十以上的時間都應該做輕鬆的有氧跑步。

　　以自己體力可以負荷的範圍，連續長跑1小時，每週3次左右，

這樣的輕鬆跑步能建立你的有氧能力，以及加強骨骼強度和肌肉力量，同時，輕鬆的跑步也能燃燒多餘卡路里，以及恢復過度訓練後的疲憊。常常比賽的人就會注意到，在比賽會場總是有些人會在比完賽之後，仍然在會場附近來來回回慢跑繞圈，就是利用動態恢復來代謝掉比賽後產生的疲勞。

　　一般來說，準備越野賽事也是如此，除了根據本身體能條件來擬訂訓練課表外，可以針對要挑戰的越野賽事距離擬定一系列的訓練方

針，其中有氧跑就是主要的訓練內容之一。有氧跑的場地也不一定要在越野山徑中執行，訓練的時候，可以在操場或是河濱公園等平坦區域，做有效率的有氧跑。

2 長距離慢跑Long Slow Distance (LSD)

長距離慢跑（簡稱LSD）幾乎是所有馬拉松訓練課程的基本要件。一般來說，跑比較慢是比較好的選擇，也可以說是比平常的有氧跑再慢30秒到1分鐘左右的配速，大約就是跑起步來還有餘力聊天的速度，連續跑20～30公里左右的距離，最好一週練習一次。長距離慢跑除了建構穩定的體能，還有訓練你的心智，在跑馬界常常聽許多人說「跑馬拉松就是要練心」，大概就是這個道理。那麼為什麼越野跑也需要練習LSD呢？

就目前的跑步環境，在假日的河濱公園或是山區道路確實看到許多人在進行LSD的跑步訓練，LSD的特點就是利用較長時間且低強度的訓練，來增加穩定的體能，其二為有效燃燒脂肪，因為屬於長時間有氧運動，可以達到身體燃脂效果，

進而減少體脂肪跟體重，其三就是LSD可以讓人習慣長時間下的持續運動，所謂長時間就是可以持續2.5小時到3小時左右，長距離跑步最重要的是建立跑長距離的信心，和長時間跑步的能力。

由於越野跑常面臨崎嶇且陡峭的山徑，在山徑前進的速度往往不及平路跑度的速度，根據過往的經驗，一般人山徑越野跑的速度幾乎是平路跑步的兩倍，花費的時間也是平路的兩倍以上，平時的訓練量如果未達一定基礎，或是沒有長時間運動的習慣，很難在一段山徑上表現出如同跑平地的能力，這也是LSD訓練對越野跑的重要性。

3 間歇訓練Interval Training

間歇訓練是結合高強度以及低強度訓練，進行數個循環交替，其中亞索800（Yasso 800s）是近十年來最著名的馬拉松訓練法，800公尺也是最常被訓練的距離，以期達成提升體能水準的效果。

以亞索800來說，透過較短的高強度快跑，產生刺激，讓身體適應更高的心肺能力需求，而這樣的高強度無法持續太久，所以會在短

越野小學堂

「亞索800（Yasso 800s）」是由《Runner's World》的專欄主筆兼編輯Amby Burfoot（本身也是優秀的馬拉松跑者），在2001年時撰文分享了《Runner's World》比賽服務部的經理Bart Yasso的訓練方法，可以藉著跑800公尺所需的時間為基礎，來預測個人的馬拉松成績，反推來看，可藉此設定馬拉松賽的目標成績，再由800公尺的訓練配速以練習達標。

分段資料 ▲	時間	累計時間	移動時間	距離	高度增加	高度減少	平均步速	平均移動步速	最佳配速	平均步頻	最高步頻
1	3:10.9	3:10.9	3:07	0.80	1	0	3:59	3:54	3:41	188	190
2	3:00	6:10.9	0:34	0.06	0	0	47:45	9:02	4:10	33	184
3	3:30.7	9:41.6	3:26	0.80	0	0	4:23	4:17	4:06	183	201
4	3:00	12:42	2:03	0.09	0	0	33:36	22:57	4:31	23	182
5	3:18.7	16:00	3:19	0.80	0	0	4:08	4:09	3:48	188	190
6	3:00	19:00	1:51	0.13	0	0	23:01	14:12	4:09	72	188
7	3:31.7	22:32	3:29	0.80	0	0	4:22	4:19	4:12	180	190
8	3:00	25:32	0:52	0.08	0	0	35:46	10:20	4:23	32	189
9	3:29.5	29:02	3:27	0.80	0	0	4:22	4:00	4:05	189	193
10	3:00	32:02	0:52	0.07	0	0	41:03	11:52	4:29	28	188
11	3:28.9	35:30	3:24	0.80	0	0	4:21	4:15	3:39	188	193
12	3:00	38:30	1:03	0.10	0	0	30:55	10:49	4:06	52	190
13	3:30.3	42:01	3:27	0.80	0	0	4:23	4:19	4:06	186	193
14	3:00	45:01	0:22	0.05	0	0	0	7:49	3:53	26	186
15	3:32.1	48:33	3:28	0.80	0	0	4:24	4:20	3:36	186	192
16	3:00	51:33	2:47	0.10	0	0	31:16	29:01	4:01	27	192
17	3:34.7	55:08	3:31	0.80	0	0	4:28	4:24	3:47	183	196
18	3:00	58:08	2:23	0.09	0	0	32:33	25:53	4:16	27	188
19	3:32.6	1:01:41	3:32	0.80	0	0	4:27	4:25	3:19	182	193
20	0:47.4	1:02:29	0:18	0.05	0	0	14:28	5:30	4:08	66	201
摘要資訊	1:02:29	1:02:29	47:15	8.83	1	0	7:05	5:21	3:19	119	201

↑此表為使用亞索800間歇跑法的數據，以平均3分30秒內的時間快跑800公尺，每趟之間緩跑3分鐘休息，再進行下一趟快跑，總共來回10趟。

暫的高強度快跑後安排休息時段，透過緩跑或伸展促進乳酸代謝，稍作休息後隨即進行下一次的快跑，如此反覆循環數趟，所以流程為800公尺衝刺跑（相當於快跑操場2圈）→400公尺緩和跑或是慢走（緩跑操場一圈），讓身體逐漸養成更高的心肺適能，並適應比均速跑更高強度的速度感，一般來說都是以10趟為主，但初學者剛開始的間歇訓練可能無法完成10趟，建議趟數可從3～4趟開始，再逐週增加趟數。

除了亞索800之外，一般的間歇訓練還有1000公尺、1200公尺不等，當然也有人採用金字塔式的間歇課表，例如：4000公尺→3000公尺→2000公尺→1000公尺→400公尺逐量遞減的間歇方式，若是訓練的新手不曾跑過間歇訓練，也不確定

自己的配速，無法用穩定的強度去完成，可以先用快慢交替的跑步方式來嘗試，經過充分熱身後，用稍微喘且不能隨興談話的速度快跑1分鐘，然後慢跑1分鐘緩和恢復，重複進行5～8趟。每週逐漸延長快跑的時間，如果能適應快跑3分鐘、慢跑3分鐘的循環，那便是間歇跑的訓練概念。

越野跑者為什麼要進行間歇訓練的課表？因為間歇訓練可以提升跑者的速度以及更高的心肺功能（心肺適能），尤其應用在陡坡上升的時候，連續陡上山徑，不僅考驗跑者的肌耐力，還包含心肺功能，能夠撐過陡上坡，並且快速恢

復代謝乳酸，就能拉開與其他跑者的距離，創造更好的成績。所以每一次的陡上坡就像是一次又一次的間歇訓練，唯有扎實的訓練才能在實際山徑中發揮出百分百的效果。

4 法特雷克訓練Fartlek Training

　　在開始越野跑之後，我特別加入了法特雷克訓練到自己的訓練課表當中，法特雷克訓練是一種類似「遊戲性」的訓練方法，在嚴謹的訓練課表中這是一個比較有趣的

越野小學堂

　　法特雷克（Fartlek）是源自瑞典的單字，英譯為「Speed Play」，意指較為隨性的間歇運動，可以依照跑者的想法來設計訓練內容。

練習，可以在操場、公園，甚至在戶外山區直接操作，將一般耐力、肌耐力、速度、敏捷度等內容結合在一起的訓練方法。利用多變的地形、景色，使跑者在訓練時，心理上較不容易感覺疲勞，且這些地形

環境最接近山徑越野的真實情況，容易達到全面性而且高CP值的訓練效果。

法特雷克訓練法，有點類似轉換式訓練，可以安排在高強度訓練週期後，或是A級賽事之後的訓練課程，可加速消除疲勞，當然也可以列入在正規訓練週期當中的一環。訓練的內容可以很隨興依照環境地形來調整，例如：利用折返跑的次數和距離，加強訓練跑中長距離的能力，或是利用上下坡跑來提升速度或大腿肌力等，也可以利用一些動作組合變化，做為全身性的協調訓練等。

對於有長期持續訓練的跑者，提供大家一個基礎的配法，增加訓練的變化性：

1. 熱身慢跑10分鐘，確實讓身體活絡開來。
2. 進行100～200公尺的速度跑，做速度上的改變，次數取決於每個人的基本能力，初階跑友可以先進行3～5次的練習，再視情況慢慢增加。
3. 轉換項目時，再慢跑10分鐘。
4. 搭配一組地形式訓練法，像是階梯跳躍或定點折返跑等，所有的動作皆重複3～5次。
5. 最後收身慢跑10分鐘。

法特雷克訓練實際操作分享

方法 1 利用操場跑道做變速練習

在操場的話可以用400公尺的操場做一個速度改變的訓練,先熱身跑完10分鐘左右的時間,確實讓身體熱開,肌肉充滿血液而富有彈性,再做接下來的速度衝刺才不容易受傷。利用400公尺橢圓形操場,當遇到直線的跑道時,即全力衝刺到進入彎道前停止,進入彎道則進行慢跑或是緩和走,直到下次進入直線跑道,由此反覆數次。

操場跑道變速練習

跑在直線跑道時,全力衝刺。

遇到跑道轉彎處,放緩速度準備進行慢跑或緩走。

方法 2 利用階梯、障礙物做地形式訓練

在操場外的地形可以利用大型公園或是停車場等安全的公共場地做地形式的訓練,利用現有的階梯,或是障礙物等,可進行登階訓練、折返跑、跳躍、或是不規則路面跑動等形式。

我個人滿喜歡這類型的訓練模式,特別是要準備越野活動之前兩到三個月之內練習,包含跑階梯的

上坡訓練,會選定一段階梯可能三到五樓高,或是規律的長度,練習內容有一階一階往上跑、兩階兩階往上跑、三階三階跨步向上,完成一二三階算是一組,視個人體能狀況做2~3組。另外還有公園內的步道穿越跑,以台北來說有許多大型公園可以做為一個好的訓練場地,例如大安森林公園、青年公園等。

上下階梯循環練習

折返跑

人行道穿越跑

■基本體能訓練法

項目	練習內容	頻率	目的
有氧跑	輕鬆慢跑1小時	每週三次	1.建立有氧能力、加強骨骼和肌肉強度 2.燃燒多餘卡路里 3.恢復過度訓練後的疲憊
長距離慢跑 （LSD）	比有氧跑慢30秒至1分鐘的速度，連續跑20～30公里（約2.5～3小時）	每週一次	1.增加體能穩定度 2.有效燃脂，減少體脂肪與體重 3.建立長跑信心與長時間運動的能力
間歇訓練── 亞索800	進行800公尺快跑後，再以同等時間慢跑400公尺，快+慢算1趟，從3～4趟開始訓練，逐週增加到10趟	每週一次	1.提升跑步速度 2.加強心肺功能
法特雷克 訓練	熱身後進行百公尺速度跑，轉換項目時再慢跑10分鐘，搭配一組地形式訓練法，重複3～5次，最後慢跑10分鐘收身	每週一次	1.結合一般耐力、肌耐力、速度、敏捷度的訓練法 2.過程趣味性高，心理較不易感到疲勞 3.模擬山徑越野狀況，鍛鍊全身協調性

核心肌群訓練

要提升跑步的能力以及越野的實力，除了速度與耐力的掌握外，核心訓練的肌力強化也是非常重要的一環。核心肌群位在身體的中部，涵蓋範圍包括腹部、背部及骨盆部位，也就是俗稱的腹、背肌群，同時是人體中最大肌肉群。核心肌群主要負責穩定保持身體平衡的功能，同時主導身體的各種動作。核心肌群的功能越強，人體在運動時的跳躍、伸展彎曲、轉動身體等動作，所能召喚的肌肉纖維就越多，這樣的動作反應過程就越短，速度就越快、力量也越強，同時能降低身體損傷的發生率。

所以增強核心肌群的鍛鍊可有效提高跑者的運動表現，當然在從事更高技巧的越野跑者來說，核心肌群的訓練更是不可缺少的一環。阿虎隊長就針對越野跑的需求，列舉一些動作來提升核心肌群的肌肉強度以及手臂、腿部的強化。每個跑友可以自我衡量自身的能力，選擇合適的動作、組數，以達到最有效的訓練效果。

93

① 深蹲運動 Squat

- 訓練部位：臀大肌、臀中肌、股四頭肌
- 訓練次數：動作維持30秒，反覆10次

說明 這個深蹲運動可以是説許多訓練項目的基本動作，可以訓練到臀部和大腿的肌群，包含著臀大肌、臀中肌以及股四頭肌等。強化了臀大肌可以改善外擴的臀部，進而緊實臀部，股四頭肌則可以改善鬆垮的大腿，增加下半身的線條與比例，因此不僅是運動員會做深蹲運動，連許多愛漂亮的小姐們也會勤做深蹲來改變下半身的線條。

動作要領

❶ 雙腳打開與肩同寬，抬頭挺胸，不彎腰駝背。

❷ 臀部往後坐呈自然蹲下，重心放在後腳跟而非膝蓋，手臂往前平舉，上身可以前傾維持平衡，膝蓋不可超過腳尖前緣，盡量使大腿與地面平行。

❸ 吐氣往下蹲，夾緊臀部，吸氣往上站，恢復站立姿勢，重心均衡落於雙腳，每次下蹲停止30秒鐘，反覆做10次

雙手往前平舉

背脊打直

大腿與膝蓋呈90度

重心放在腳跟上

棒式運動Plank

- 訓練部位：腹部、臀部、大腿前側
- 訓練次數：動作維持30秒，循序漸進增加次數或時間

說明 棒式運動是一個隨時隨地都可以做的基本核心運動，可以訓練到身體所有的核心肌群，包含腹橫肌、腹直肌、腹外斜肌、腹內斜肌和臀部肌肉，重點在肩膀到腳均維持一直線，以達到棒式的最佳效果。此外棒式還可變化出側棒式（Side Plank）、橋式（Bridge），左右手都必須交換做，才能達到身體的平衡發展。

動作要領

❶ 以雙肘撐地，雙手呈現拳頭姿勢（手掌平貼地板亦可），腳尖著地，雙腳與肩膀同寬。

❷ 讓頭部後方、背部與臀部呈現一直線，縮下巴，使脊椎呈現自然曲線。

❸ 縮小腹，收緊臀部，避免臀部下沉。

❹ 用鼻子吸氣，嘴巴吐氣，每次動作至少30秒，可視個人條件增加次數或拉長

★基本棒式

背脊打直　　　　臀部收緊

手肘彎曲，前臂撐地　　　　腳尖撐地

避免肩膀往前傾

★變化1：側棒式

手肘與臀部、腳踝維持一直線　　軀幹保持穩定，臀部抬高　　雙腳保持靠攏

緊縮腹部，抬高臀部，軀幹保持穩定　　雙膝彎曲呈90度

★變化2：橋式

手心向下張開貼地　　膝關節、髖關節、肩關節呈一直線

③ 弓箭步下蹲Lunge

● 訓練部位：臀股、股四頭肌、腿後肌
● 訓練次數：左右換邊各20下，每次3～5組

說明 弓箭步下蹲主要是針對雙腿的肌力做強化動作，特別是大腿四頭肌的穩定性跟平衡感，平時可以在戶外徒手作，若是在室內訓練，則可配合器材，如啞鈴、裝水寶特瓶等，做進階版的強力弓箭步下蹲。

動作要領

❶ 雙腳與臀部同寬站立，雙手叉腰。

❷ 向前跨出一腳，另一腳保持在後，彎曲前腳膝蓋使大腿與地面平行，前腳膝蓋勿超過腳踝，腳尖向前。

❸ 後方腳也彎曲90度但膝蓋不可觸地，保持身體平衡，停頓數秒、吐氣起身休息，接著重複數次。

❹ 進階版可手握重物，例如啞鈴等物。

❺ 每次運動左右腳各20下，或是左右腳換邊動作持續1分鐘，休息20秒，再進行下一組，每次3～5組。

抬頭挺胸
軀幹保持
穩定

前膝彎曲
呈90度

後膝彎曲
呈90度，
不觸地

4 伏地挺身Push-Up

● 訓練部位：胸大肌、三頭肌、背肌
● 訓練次數：連續動作1分鐘或30下為一組，每次3～5組

說明 伏地挺身是大家耳熟能詳的體育動作，也是非常容易執行的肌力訓練動作，而伏地挺身屬於一種多關節運動，可鍛鍊到上半身肌群，包括胸大肌、三頭肌、背肌等，不論是初階還是進階的跑者都需要練習，尤其是越野跑者，相較於一般路跑賽，越野跑會時常運用到上身肌群去做動作，所以在強化腿部肌群的同時，也不可忽略到上身的鍛鍊。

動作要領

❶ 雙手撐地，兩臂伸直與肩同寬，腳尖著地，勿翹臀拱背，為預備動作。

❷ 兩臂彎曲，身體向下貼近地面，肘關節高於背，身體維持一直線，然後兩臂用力推直，回到預備動作。

❸ 女生若力量不足無法撐起，則可用雙膝著地的方式做，降低難度。

❹ 進階版可調整手掌間距，提升訓練強度，例如雙手指頭相觸的方式，或是比肩膀更寬的方式，但一切的訓練方式都要量力而為。

❺ 每次運動可以30下為單位，或用時間1分鐘計時，每次3～5組。

ⓘ 阿虎隊長小提醒

　雖然伏地挺身是常見的肌力訓練動作，若能注意以下重點，更能達到效果。

重點1 調節呼吸，注意出力

向下伏地時吸氣，向上挺身時吐氣，全程勿憋氣以免內傷。

重點2 注意頸部及腰、腹部

背部到腳踝要保持一直線，脖子不要過度用力，以免頸椎壓力過大導致運動傷害，腹部要撐住以維持平衡，避免只有腰部上下移動，不僅動作難看還可能造成脊椎受傷。

重點3 訓練要循序漸進

先從基本棒式開始訓練，不要好高驚遠，做超過自身能力的動作，待肌力訓練持續一段時間有所進步時，再提高訓練強度。

★基本伏地挺身

肩膀、背部到腳呈一直線

收緊腹部，保持軀幹穩定

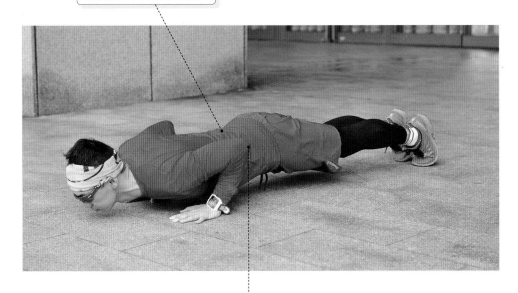

手肘不外翻

★強化版伏地挺身1

雙手指頭輕觸再動作，加強訓練內胸肌、胸線和背部肌肉。

★強化版伏地挺身2

張開雙臂比肩膀還寬再動作,可以加強訓練外胸肌、臂力和肩部肌肉。

5 屈膝捲腹仰臥起坐Tabletop Crunch

● 訓練部位：腹肌
● 訓練次數：30下一組，每次3～5組

說明 這個動作是針對上腹部的肌力做訓練，是以腹肌的收縮力將上半身捲起並徐徐呼吸，讓手肘與大腿盡可能貼合。停留片刻後，以腹肌的張力控制還原下放，緩慢吸氣，肩膀不可貼地，接著重複上述動作。

★正常版

屈膝呈90度

肩膀不貼地

雙手不抱頭，避免拉傷頸部

腹部緊收，想像脊椎一節一節捲起離地

動作要領

❶ 平躺，雙腳屈膝成90度，腳掌平貼於地，雙手環抱於胸或輕貼耳側，為預備
　動作。

❷ 以腹部力量將上身捲起，身體離地約30度，上背部應保持自然狀態，雙肩與
　頸部也不應過分出力，停留約2秒再慢慢下躺。

❸ 配合「起身時吐氣，躺下時吸氣」的呼吸節奏進行，讓腹肌始終保持在一定
　的緊張力。

❹ 進階版有手持重物、抬腿輕觸手肘，或是左右轉動身體的方式訓練腹斜肌。

❺ 以30下為一組，每次做3～5組。

★進階版（交叉屈體）

上身捲起時，可以抬右膝觸碰左手肘，再換邊進行，改以左膝觸碰右手肘。

6 登山跳Mountain Climber

● 訓練部位：三頭肌、三角肌、腹肌、股四頭肌、臀大肌
● 訓練次數：左右腳來回交換30秒算一組，每次3～5組

說明 登山跳是模擬爬山的動作，看似下肢運動，實際上卻是全身性的運動，以雙手撐在地上，運用雙腳來回踢跑，因此可以訓練到股四頭肌、臀大肌，以及上身的手臂及核心肌群等，是屬於很動態的訓練動作。

單腳往前時，膝蓋抵達胸口位置

動 作 要 領

❶ 做伏地挺身的預備動作,從雙手撐地開始。

❷ 將右腳往前提,膝蓋大約向前延伸到胸口的位置,然後回來預備動作,再換
左腳往前提,左右腳輪流替換。

❸ 注意交換腳的時候,要維持背部的平直,預防拱背,全程腹部緊收,背部起
伏越低越好。

❹ 每次動作可以30秒為一個單位,每次做3～5組。

交換腳的過程,維持背部平穩,不要起伏太大

7 波比跳Burpee

- 訓練部位：三頭肌、三角肌、胸大肌、腹肌、大腿前側肌、大腿後側肌、臀部肌肉
- 訓練次數：連續動作1分鐘或15～20下為一組，每次3～5組

説明 波比跳是一種動態全身的力量運動，而且是無氧狀態的訓練方式，從整個動作看來就是結合深蹲、伏地挺身及向上跳躍的整合，由於運動到的肌肉群越多，對燃脂的效果也越好，同時對爆發力和核心肌群有相當的訓練作用。

動作要領

❶ 站立姿勢預備開始。

❷ 蹲下後，雙手順勢向下撐地，雙腳同時向後踢出，腳尖頂地，做成伏地挺身的預備姿勢。

❸ 雙手撐地，收回雙腳，回到蹲下位置，再站立起來，回到預備姿勢，此為一次動作。

❹ 進階者可以在伏地挺身的預備姿勢時，將身體下沉，完成一下伏地挺身動作，起身時立刻收回雙腳，彈回蹲下姿勢，再雙手向上伸直，快速往上彈跳一下，此為一次動作。

❺ 可以1分鐘為限重複上述動作，或是15～20下為一組，每次做3～5組。

ⓘ 阿虎隊長 小提醒

本章所說的基本體能訓練，「有氧跑」可每週進行三次（通常可間隔進行，例如週一、三、五，或二、四、六），其他三項訓練：長距離慢跑、間歇訓練、法特雷克訓練，則每週一次即可，而核心肌群訓練可以搭配有氧跑一起做。

對應台灣地形的越野技巧

台灣由於地質背景關係，地形特色十分明顯，常見高山深谷的地貌，河流階地也到處都是。越野跑就是在大自然進行，翻山越嶺、橫渡溪流是不可避免的狀況，此時若能掌握一些技巧，就能立即應變而不中斷行動，還可降低或避免運動傷害，讓跑者有更好的表現。以下就針對常見的台灣地形，分享跑步技巧與經驗。

■上下坡

這無疑是越野跑最常出現的地形，所謂越野就是穿越山坡或崎嶇之地，也是大多數人害怕遇到上坡太陡跑不動，下坡太陡跑不快的狀況。

上坡怎麼跑？

上坡時，身體重心微前傾，眼睛順勢看前方約一公尺的地面，步伐放短小，以腳掌的前半部中心來著地，保持你的手肘自然擺動與下肢動作的協調，最重要的是「呼吸」！

鼻子吸氣，嘴巴吐氣，因應

地形陡峭可以短而急的交替換氣，視自身能力而為，千萬不要造成所謂的「爆心跳」，當爬完上坡則要迅速調整呼吸方式，深呼吸、長吐氣，讓心率下降，才能應付後續路況。

下坡怎麼跑？

下坡時，身體輕微前傾，保持步伐短，視線往前約兩到三公尺左右距離，讓自己可以選擇最清楚的路徑。若是技巧還不足，無法讓身體微前傾，可以先保持身體直立，甚至些微往後來減緩下衝力道，過度陡下的地形也可以選擇側身的方式，一階一階往下。

跑下坡對於大腿的肌群十分重要，若是沒有強而有力的股四頭肌及臀大肌，會在長下坡之後造成膝蓋的不舒服或是腿部的抽筋現象，因此完善的肌力訓練，以及熟練的技巧是很重要的課題，對於肌力訓練的加強，可以在每次的訓練前後安排適量的肌力訓練，至於下坡的技巧，需要多次實際練習，才能掌握。

上坡越野技巧

↑ 面對上坡的時候，可以雙手扶在膝蓋上，上身微微前傾，輔助上坡。

↑ 在山徑上坡，如遇到坡度過大，跑不起來，可以選擇快走的方式前進，每次抬腳盡量不要高於膝蓋，減少股四頭肌的消耗，亦可利用快步行走時調整呼吸節奏。

下坡越野技巧

↑下坡時可以利用周邊的樹幹做為一個轉彎的緩衝，利用手去扶或撐樹幹，順勢轉身過彎。

↑面對長下坡的地形，一味的煞車減速，只會造成膝蓋的負擔，有時候可以試圖放點速度，輕跳躍地下坡。

↑下坡的時候，別直挺挺的站著，讓膝蓋微彎，放輕腳步，雙手微開，隨時應付突發狀況。同時身體可以微側，緩步下坡，較不易滑倒。

ⓘ 阿虎隊長小提醒

- 跑上坡「呼吸」是重點，陡坡短呼吸，跑完坡再長呼吸。
- 雙手扶膝，上身前傾再上坡。
- 下坡的省力跑法：手扶周邊樹幹，順勢轉身過彎，或是加點速度，輕跳下坡。

■草地

在《運動科學期刊》（Journal of Sports Sciences）的一項研究中指出，在草地上跑步，相較於柏油路面地形，可以降低下肢的壓力高達17%。

對於受傷過的跑者，從復健後跑回正軌訓練，草地是非常適合的一個場地。所以常在操場跑步訓練的人，就會發現有人會在操場中間的草皮慢跑，做為練跑前的熱身跑或是訓練後的緩和跑，都非常適合。

在越野比賽當中，遇到草地地面時，幾乎是大家發足狂奔的地方，因為平坦的草地可以讓越野好手們盡情的奔跑，這時候就要回到訓練的基本盤，誰的速度快且跑得長久，便可以勝出。

ⓘ 阿虎隊長 小提醒

柔軟的草地會迫使跑者速度放慢，相對也會減少對關節的衝擊，適合傷後復健的跑者，作為有氧跑的練習場地。

■沙地

根據《實驗生物學期刊》（The Journal of Experimental Biology）資料中，在沙灘上跑步能增加對於有氧能力的挑戰，比起許多路面，所燃燒更多的熱量約1.6倍。

沙灘地形柔軟且不平坦，在每次下腳之後，會被沙地吸收力量，因此需要比較強大的肌力以推動前進的力量，在沙地訓練就可以有助強化雙腿的肌群、腳掌、髖關節及核心肌群等。

若是腳踝受傷或個人柔軟度有限，則避免在沙地做長時間跑步訓練，因為這會將額外的壓力移轉到腳踝及小腿上，建議在沙地訓練的時候可以循序漸進，別一口氣就在沙地做太長時間的訓練，且在進行沙地訓練之後，要做伸展收身的緩和動作。

> ⓘ **阿虎隊長**小提醒
>
> 越靠近水的沙地較硬，跑者可交替跑在離水近及離水遠的沙灘，體驗不同軟硬度的沙地當作訓練。

■原始登山路徑

在山野中奔馳，登山路徑屬於最原始的路面，也是眾多跑友熱愛的地形，有石頭、岩壁、倒木、根莖突起及地面曲折起伏等，必須更加專注在步伐的移動上，這些盤根錯節的路面會開啟跑者對身體的感知能力，每種路況都有不同的應變方式，需要不斷練習找到身體的平衡感，才能在這些地形上迅速移動。

↑稜線攀爬地形在高山越野時常出現，海拔高且空氣稀薄，挑戰跑者的越野技術外，還考驗跑者的體力及心肺功能。（小岡提供）

原始登山路徑越野技巧

↑山徑步道有時遇到落石區、樹木橫臥之處，寸步難行之下，也考驗跑者的應變能力，此時可手扶旁邊的樹木、岩石，在手腳並用下，快步通過。

↑跑山徑步道，盡量踩在乾的泥土上，除了避開石頭、樹根，也要留意枯落葉，若踩在枯落葉上，腳步要放慢，否則容易滑倒。

↑攀爬岩壁，雖不多見，但遇到時總讓人又驚又喜，通過這樣的攀岩地形一定要小心謹慎，把握攀岩的基本原則三點不動一點動，緩慢地一步步移動，安全至上。

■泥濘地

泥巴地面也是台灣山徑越野容易遇到，也最為普遍的地形，幾乎在原始山徑上都會遇到，而相較於其他地面，泥濘地區就是會影響每一次的下腳點，尤其當鞋子被泥巴完全包覆的時候，除了影響跑姿還會影響心情，這時候只要好好調適心情即可，因為這是越野跑必定會遇到的過程，換個角度，這也是越野的樂趣之一。另外，也可能會造成整隻腳掌陷入泥濘地，所以要預防當腳完全陷入時，為了急忙將腳快速抽出，而將越野鞋遺留陷在泥巴中的窘況。

泥濘地越野技巧

↑遇到泥濘地時，要留意下腳點，避免滑倒或是整腳陷入泥巴中。

↑跑泥濘地，鞋子被弄髒是家常便飯，平常心面對即可。

■小木橋

許多的古道或是山徑幾乎都一定會遇到小木橋或是小棧橋，有些是早期留下來的，也多半沒有扶手，看起來十分簡陋，通過的時候一定要小心，放低身體重心，切勿完全不停留地衝過去，避免橋面支撐不住強大衝擊力道。現在多數新的橋梁會改用仿木頭的小棧橋或是鐵、鋁板製，通過時一樣要預防橋面濕滑，以及不完全平坦的橋面，以免滑倒受傷。

小木橋越野技巧

↑在古道上最常遇到小木橋或是木棧橋，但是年久失修，有些橋呈現傾斜狀態，因此一次一人依序通過較為安全，同時要小心謹慎，緩步前進。

↑即便是較穩固的新橋梁，也要預防橋面濕滑，避免失足滑倒。

古道、山徑常見的橋類型

1 小木橋

2 小鐵橋

3 木棧橋

■人工階梯

人工階梯多半在城市近郊山區，多為政府機關所維護的步道系統，如台北的陽明山山區的步道系統——七星山步道或是南港的四獸山步道等，這裡多是連續的階梯，不論是木板或是石頭階梯，面對這樣的地形，就是準備聽四頭肌的哀號。往上跑階梯時，與跑上坡的技巧相同，重心微微往前，雙手可以輕微撐在兩個膝蓋上方，一步一步的往上跑，這會是最穩健的方式。

下階梯時，雙臂不需大幅度擺動，重心微往後，一階階往下，多加練習就能抓到一定的節奏感，若遇到較陡的階梯，可以身體微側下階，較為安全。

> **ⓘ 阿虎隊長**小提醒
>
> 當階梯與坡（天然土路）同時存在的地形，肌力及協調性佳、有經驗的跑者會選擇跑坡，較不受階梯高度的限制。

上下階梯越野技巧

↑上階梯時,重心略向前傾,雙手放在膝蓋上,拾階而上。

↑遇到長距離的階梯,不一定全程都用跑的,有時可以一步一步快走前進,讓身體稍做喘息。

↑下階梯時,重心微後,兩手擺動幅度不用過大,若遇比賽時,可兩階或多階快速跳躍前進,但必須平時多練習,有好的肌力與體能,才能以一定的速度感前進。

■石頭地面

　　跟人工階梯出現的地方很接近，多半也是在步道系統發達的區域，陽明山國家公園、觀音山風景區之類都很常見。石頭地面的山徑最要注意的就是石面濕滑，特別是雨天過後或是青苔滿布的石面，往往在迅速奔跑的時候，稍不留意就容易滑倒。所以遇到這樣的石頭地面時，必須十分專注在每次的落腳點，雙手放鬆保持輕盈，手上切勿拿取物品。

　　而石頭地面對於腳的衝擊力也會比較大，如果肌力不足或是腳部有傷的跑者，要盡量避免長時間奔跑在石頭地面上，可以多利用現場的環境，跑在石頭步道旁邊的草地或土地，減緩衝擊的力道。

石頭地形越野技巧

↑遇到長青苔或是濕滑的石頭地面，為避免打滑，盡量踩在旁邊的泥土地，或是石塊與石塊的交接處。

■溪流河床

目前溪流河床越野的路線開拓不多，因此大家可能接觸溪流河床地形的機會較少，若是遇到這樣的地形，畢竟穿越野鞋在溪谷中前進就有一定的困難度，而且溪流地形變化多樣、石頭濕滑又不穩定，所以在溪流河床上移動必須全神貫注。前進的時候跟溯溪活動一樣，要留意觀察河床溪流的兩側，選擇較容易通行的一側前進，還要注意每一次的落腳點，確實踩在平穩的地面上。若是要橫渡溪流，則要面對上游，張開雙手維持平衡，前後人員保持間隔，一步一步前進踏穩後再移動。

溪流河床越野技巧

↑越野跑溪的活動，要慎選溪谷河床，且要有鞋襪全濕透的心理準備。

↑橫渡河床的時候，須面向上游、前後間隔、雙手保持平衡，一步一步緩慢前進。

↑ 在小溪谷通過溪流時，可以考慮脫下鞋襪，手持鞋襪過溪，這樣可以確保腳部的乾燥，利於後續行程。

ⓘ 阿虎隊長小提醒

　　2016年1月底因應負北極震盪，極地氣團的冷空氣來襲，造成全台各地山區都降下瑞雪或是冰霰，面對雪地地形，要先確認是軟雪還是硬冰，若是軟雪還可以踩踏下去，只是鞋襪會滲雪，造成冰凍。因為雪地容易打滑摔倒，若是遇到雪地地形，在沒有充分的準備下，還是選擇撤退是最佳的方式。

（小岡提供）

5

開始越野跑，
路線規劃輕鬆學

在了解何謂越野跑、備齊必要裝備，並實施訓練計畫後，所謂「坐而言不如起而行」，應該實際嘗試跑看看。但要如何規劃跑的第一條路線？該注意哪些細節並考慮哪些面向？只要掌握大原則並不難著手喔！本章也推薦從入門到進階各有特色的十條經典路線，方便你趕快選定路線，開始跑吧！

本 章 教 你

- 規劃路線的原則是什麼？
- 如何事前了解路況？
- 郊山與高山的越野路線各有何特色？
- 10條越野跑推薦路線

越野路線的安排

不管是安排郊山的越野路線或是高山百岳的越野路線，事前的準備工作基本上都是大同小異的，最後才會根據路線的長短而在裝備上有所調整，準備規劃一條路線，不外乎注意人、事、時、地、物，這五類也是所有戶外活動的準備重點，五個要點缺一不可，分進合擊，要能整合並非單一去看。

人 不同賽程的隊員選擇

人是重要的一環，如果是安排進階的越野路線，或是高難度的越野跑山，挑選隊員就是很關鍵的事情，在入門級的郊山越野路線上，秉持著推廣運動的角度，只要成員能夠備齊裝備，具有基本的運動習慣，讓越多人認識這個越野運動，何樂而不為。

進階以上的路線，就需要在人員選擇上有所要求，例如一定的體能、攜帶確實的裝備、越野觀念的建立等，這攸關一個好的越野團隊成功與否，所以我在選擇隊員上面，首先重視體能，而體能的依據多半就是馬拉松比賽的成績，這也

是多數人再做一個初步評斷運動能力的依據，另外輔佐越野賽事的參加經驗，甚至得獎次數。記得我去大陸參加越野賽的時候，比賽簡章有一條就是規定，需要檢附近半年的健康檢查表以及參賽經驗成績證明的影本，才能完成比賽報到的作業，領取參賽號碼布，屬於選手查驗上比較嚴謹的作法。

事 詳盡了解越野路況

這件事常常被忽略，不論是比賽或是跟團越野，事前的準備工作包含對路線的熟悉度、高度圖，以及後續會提到的「時」、「地」，這些都是相輔相成的工作。

但首先，要跑一條路線，一定要先了解路線的狀況、距離長短、爬升高度。而距離是大家都不會忽略的環節，亦是多數人評斷該路線難易的一個初步指標，例如100公里的越野賽，很多人聽聞百公里可能就卻步，也許是本身連一般公路的百公里賽都沒有參加過，或是自身的訓練量根本未達跑100公里的能力……而這些都是很主觀的想法，我覺得最重要的因素在於選手能了解本身的運動能力及訓練目標，經過一段時間的規律訓練，才有機會完成超長距離的越野賽。

另外一個常常被忽略的事情就是「爬升高度」，這在馬拉松比賽不常見。一般越野賽事的距離約在10～20公里之間，也是大家所認知的半馬之內的距離，似乎撐一下就跑完了，或本來就習慣在河濱長

跑的人，會以為換到越野路線應該差不多，殊不知跑越野的20公里，就可能花費比跑全馬還要多的時間及體力，最大的差別在於路線的困難度，從水平的長度變成垂直的高度，這個重大轉變就是許多人無法適應之處。所以每次在準備一條越野路線的時候，絕對不能輕忽高度圖，即便是只有10公里的越野賽也有可能爬升超過1000公尺的高度，而高度的改變就會影響到裝備及體力的調節。

時 考量季節變化與賽程時間

生活在台灣的我們都已習慣，隨著氣候變化而有春、夏、秋、冬的景象，這分明的四季也會對於越野跑的準備工作有所差異，最大的不同就是服裝上的穿搭，依照過去幾年的經驗，除了冬季以外的其他季節，維持一般的運動服裝即可。所謂的一般的運動服裝，就是習慣穿短袖的維持短袖，喜歡長壓縮衣褲的就維持長袖，而冬季的話，我傾向以長袖、長褲為主，因為整個環境是屬於比較低溫的狀態，當越野跑者感到比較疲累之際，會從跑步改為緩慢步行，這時候若保暖不夠，就容易流失體溫而感到身體不適。

季節之外，另外一個考量點就是時間，何謂時間，尤其越野跑的時間，可不是只有大家所想的白天或是早上，如先前說的100公里越野賽，就非常有可能跑到晚上甚至是半夜，或是由夜間出發開始的比賽。之前去日本參加100公里越野賽就是晚上十二點開賽，加上緯度又偏高一些，還沒出發就已經感覺到涼涼的天候，由此可知，一定要準備至少一套的長袖運動服裝，才能應付多變的季節或時間。還有不論越野賽或是團練活動，建議背包內始終都要放一件輕量化的口袋風衣，這類型風衣不但輕薄且收納體積小，應付突變的天氣十分好用。

地 充分掌握地形、地點資訊

所謂的「地」，就是指路線，無疑是越野跑跟其他運動最大的不

同，這邊可以區分為「地形」及「地區」來說明。

所謂地區，台灣雖然是小小的島嶼型國家，但北、中、南、東四個區域所呈現出來的越野地點都各具特色，例如：國家公園內多半步道系統完善、路徑明顯；合歡山區則是高海拔的越野環境；中級山區又可能是路徑錯綜複雜的原始林相。因此在進入山野前，需要針對不同地區而做不同的準備。

以地形來說，攀爬地形、拉繩區、草叢或竹林等，這些先前提到的地形，都會影響著越野的行進速度。就安排地區來看，是否為人工設施多的石階步道，或是天然的登山山徑，可以從登山紀錄中，收集山徑資訊，包含危險地形或岔路口，事前多一分準備，可增加安全性。

此外，地形還包含了一個重要

因素，就是「爬升高度」，這是和一般路跑最大的差別。越野跑的爬升幅度大小及路面崎嶇程度，都會影響跑步速度，因此，要從地形、爬升高度來推估越野跑的活動時間，才會比較精確。

物 攜帶確實的裝備

綜觀上面四項因素，最後的「物」就是所謂的裝備，前提要件，不論距離長短及地形難易度，我都建議要攜帶越野背包，一個背包在身上，可以攜帶許多裝備或是水。不要輕忽任何一條簡單的路線，因為山區不是我們平常人熟悉生活的地方，多一分的準備就多一分的安全，所以越野背包內的基本裝備就是水、口袋風衣、手機、食物，其次再依照不同的路線長短或是季節來增加裝備，例如頭燈、午餐、雨衣、簡易醫藥包等。可以依照第三章的「越野裝備篇」的裝備分級表，來選擇適合所跑路線，以及符合個人需求的裝備。

郊山輕越野路線

所謂郊山輕越野，可定義為城市附近的山區，海拔高度約2000公

尺以下，交通時間可能在一兩小時內可以往返，通常有公部門（林務局或是國家公園等）的維護機制，保持路況的良好。

以大台北地區來說，陽明山區、觀音山區、四獸山區、貓空山區等地方都是郊山輕越野路線的好選擇。

要選擇一條好的郊山路線，可以依照上述的人、事、時、地、物的法則來尋找適合的路線，而全台各地近郊的登山路線，不僅網路上都可以搜尋到相關資料，還有照片可以輔助確認，實際路線上也有明顯的路牌指引，在區域地圖可以觀看，就我個人多次的越野經驗來看，郊山越野只要做好事前的準備，人人都可以輕鬆完成。

如果要我來推薦，以大台北地區來說陽明山區為第一首選，因為陽明山的步道系統發達，要跑長可長，要跑短可短，加上距離台北市區近，大眾運輸交通便利，上山、下山都方便，進可攻、退可守，平時假日不分時段都有許多遊客及山友，符合許多安全的考量。

高山越野路線

高山越野，可定義為需要申請入山證的區域，這類地區海拔通常超過2500公尺以上，人煙稀少，林相原始，交通距離也較為不方便，但是路線精彩豐富又原始，對於重度越野愛好者來說，這才是越野啊！

跟郊山越野不同的高山越野，可不是說出發就可以馬上出發的，必須要先做好事前的準備工作，這些事前工作可以要提前到一個月以上，例如入山證的申請，至少要一周前上網申請入山許可證，另外包含路線的研讀、收集資料和照片、越野距離的長短、行程花費時間的預估、配合季節及天候狀況所要攜帶的越野裝備等。高山越野的路線上沒有太多人工化的設施，所有的路線必須先做一次事前研擬，從行進速度、預計地停留點，午餐的地點、延誤的應變計畫、人員的分配計畫等都非常重要。

十大入門越野路線

全台有超過一半以上的面積都屬於山林地，因此台灣是個極容易發展越野入門的環境，可以在短時間內就從海拔100公尺到海拔3000公尺，一天可以感受不同面向的越野環境，因此經過三、四年的越野跑山經驗下來，阿虎隊長整理出幾條跑過之後，印象比較深刻，且有特色的越野路線來跟大家分享：

- 第一條：大屯群峰
- 第二條：涓絲瀑布上擎天崗草原
- 第三條：觀音山環形步道
- 第四條：樹林大同山
- 第五條：烘爐地天上山
- 第六條：霞喀羅古道
- 第七條：松羅湖
- 第八條：奇萊南華（能高越嶺古道西段）
- 第九條：合歡西北峰
- 第十條：雪山

當然選出的十條路線並不是絕對或唯一，而是挑出一些容易入門的路線來，讓大家可以循此方式去選擇，且一起踏入越野的世界。

大屯群峰

同屬於陽明山國家公園，與七星山並立在國家公園內的兩大山系，其登山步道較為原始，吸引較多山友造訪。大屯山群峰主要山頭包含大屯主山，大屯西峰、大屯南峰、面天山、向天山等，而大屯山最為著名的便是大屯夕照，大屯雲海，每每天空出大景，大屯山助航站道路上便會吸引大批攝影愛好者。

資訊

位置：台北市、陽明山國家公園
全長：單程距離約6公里，回來12公里
時間：約2～3小時
海拔：465～1092公尺，落差達627公尺
分類：國家公園步道、泥土山徑
難易度：★

路線圖

N

往北新庄
百拉卡公路
二子坪遊客服務站
B 百拉卡公路
P 公
往陽金公路
P
P

二子坪遊憩區

面天山
977m

大屯西峰
982m
大屯南峰
957m

百拉卡鞍部登山口
大屯主峰
1092m

大 屯 主 峰 連 峰

向天池
向天山
949m
面天坪

峰 步 道

三聖宮

復 興 三 路

清天宮登山口

往北投

路線說明

　　這條路線有多個出入口，包含淡水興福寮登山口、北投清天宮、大屯自然公園、二子坪遊客中心，大多數人應該還是從北投清天宮出發，一出發便是階梯向上，到達面天坪之後可以先取左，往向天池、向天山、面天山繞一圈，回到面天坪轉往右邊的大屯西峰、南峰拉繩攀上，最後登上大屯山主峰，再循石階步道回到二子坪公園，可由二子坪站搭公車下山，或是健腳級跑友可再循原路下山回到北投清天宮。

交通

- 北投捷運站可搭小6公車抵達「清天宮站」，從早上5:40到晚上23:00車班很多。自行開車也可以，北投復興三路520巷底，就是清天宮。
- 二子坪登山口可以搭乘108遊園公車。

行程資訊

清天宮登山口—**0.4K**—三聖宮—**1K**—面天坪—向天池—向天山（949m）—面天山（977m）—**0.6K**—大屯西峰（982m）—**0.93K**—大屯南峰（957m）—**1.57K**—大屯主峰（1092m）—**0.9K**—百拉卡鞍部登山口—二子坪遊客服務站

絹絲瀑布上擎天崗草原

絹絲瀑布屬於擎天崗步道系統的一條支線，位於菁山路101巷的步道口，一路緩上的路線約2.2公里即可到達擎天崗遊客中心。擎天崗環形步道，一圈約2.4公里，草原環伺，不時還有野生水牛在一旁，是台北近郊中最容易到達的山區，天氣晴朗時，可瞭望遼闊草原，也吸引眾多遊客前往。

路線圖

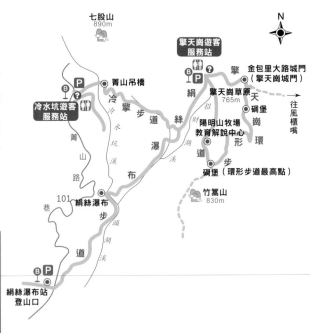

資	訊

位置：台北市、陽明山國家公園、菁
　　　山街101巷與新園街口
全長：單程約6.4公里
時間：約2小時
海拔：560～757公尺
分類：國家公園步道
難易度：★

路線說明

　　屬於擎天崗系的步道系統，路線四通八達，可長可短，規劃越野跑的路線可從絹絲瀑布步道入口往上前進，再繞行擎天崗環形步道一圈，可以通往風櫃嘴（風櫃口），亦可以走魚路古道（金包里大路）下八煙聚落，更可以循冷擎步道1.8公里抵達冷水坑遊客中心等方向。如按照原訂路線絹絲線加上環形步道大約7公里，腳程快一些的人大約1小時左右可以完成，若是跑跑走走，也可以在1.5小時完成此路線。由於這也是適合全家大小的登山健行路線，進行越野跑的過程，須留意健行民眾出現。

交通

● 步道入口在菁山路101巷和新園街交叉口，除了自行開車外，亦可以搭乘小15公車到登山口。

行程資訊

絹絲瀑布站（登山口）─絹絲瀑布擎天崗遊客服務站─金包里大路城門（擎天崗城門）─碉堡（環形步道最高點）─陽明山牧場教育解說中心─菁山吊橋→冷水坑遊客服務站

觀音山環形步道

觀音山風景區，不論平日還是假日，整個山區都有不少的遊客或是山友，算是新北市著名的景點，觀音山風景區跟陽明山一樣有許多的步道系統，同樣錯綜發達，是北部民眾熱愛的山區，登高望遠，還能眺望淡水河出海口及關渡大橋等。

資 訊

位置：新北市五股區、八里區
全長：約8公里
時間：約2小時
海拔：300～616公尺
分類：人工步道、泥土山徑
難易度：★

路線圖 -------------------------------

路線說明

　　觀音山主要有六條步道系統，這次推薦的環觀音山硬漢嶺的北橫古道，可以從凌雲寺停車場集合出發，爬上占山步道後，接上往北橫古道的入口，正式進入觀音山的原始山徑，只有原始土路，部分危險的地方有架設繩索之外，沒有多餘的人造設施。北橫古道一共分為五段，正好可以環繞硬漢嶺一周，是條入門山徑越野的好路線，常有陡上陡下地形，也有拉繩地區、石階梯和泥土山徑，適合越野跑者當作自我訓練的場地。

交通

● 開車可以走64快速道路，下觀音山交流道，就接上凌雲路。

● 開車走平面道路可以到五股成泰路後，轉凌雲路便可上山。

● 搭大眾運輸，可搭三重客運「北門—觀音山」或是橘20號公車，終點站「開山凌雲寺站」下車。

行程資訊

凌雲禪寺—占山步道—盤絲亭—北橫古道一段入口—北橫古道二段入口—北橫古道三段入口—北橫古道四段入口—北橫古道五段入口—三五八路—第四加壓站—硬漢嶺（616m）—硬漢嶺路—凌雲禪寺

越野跑 推薦路線 4

樹林大同山

樹林的大同山青龍嶺，山勢不高，海拔僅僅兩百多公尺，卻是樹林地區民眾運動休閒的好地方，被稱為樹林的後花園，更是賞夜景的絕佳地點，因此衍生出不少山徑步道，一路可以通到大棟山、鶯歌石等區域，且又鄰近火車站，交通便利。

資訊

位置：新北市樹林區、保安街二段
全長：單程5公里，來回10公里
時間：2～3小時
海拔：200～405公尺
分類：泥土山徑
難易度：★

路線圖

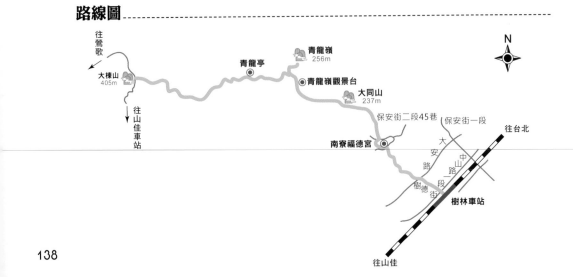

往鶯歌

大棟山
405m

往山佳車站

青龍亭

青龍嶺
256m

青龍嶺觀景台

大同山
237m

保安街二段45巷

保安街一段

往台北

大安路二段

中山路

樹德街

南寮福德宮

樹林車站

往山佳

路線說明

　　大同山—青龍嶺—大棟山，一路連走，可以直接從樹林火車站集合出發，循小路來到南寮福德宮，接上登山步道就可以通往青龍嶺的觀景台，沿途指示牌明確，循指示牌方向即可往大棟山方向前進，全程5、6公里，土路、步道交錯，可以做為入門山徑的訓練場所，來回總長約12公里，兩個小時左右的時間。

交通

● 建議搭火車到「樹林火車站」，十分方便，步出樹林車站後站，穿越中山路直走樹德街，走到路底遇到排水溝就左轉續行，登山口就在大安路312巷口。

● 自行開車可以導航「樹人家商」或是「南寮福德宮」附近都可停車。

行程資訊

樹林車站—南寮福德宮—大同山（237m）—青龍嶺觀景台—青龍嶺（256m）—青龍亭—大棟山（405m）

烘爐地天上山

烘爐地天上山稜線，這是一條位在市區的稜線，屬於A進B出的路線，沿稜線山頭林立，包括五尖山、文筆山、五城山、青春嶺等，也是中和土城一帶民眾登山健行的好路線之一，每個山頭附近都會有不同的特色，且可眺望新店區、土城區等地，非常值得一訪。

資 訊

位置：新北市中和區、土城區
全長：單程6.5公里，來回13公里
時間：3～4小時
海拔：295～430公尺
分類：泥土山徑、人工步道
難易度：★

路線圖

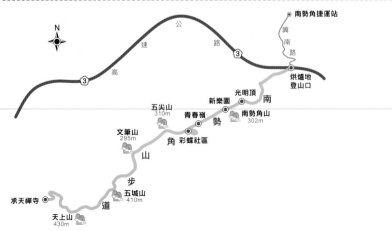

南勢角捷運站
興南路
③
高速公路
③
烘爐地登山口
光明頂
新樂園　南
五尖山
310m　青春嶺　勢　南勢角山
文筆山　　　　　角　302m
295m　　彩蝶社區
　　　　　山
　　　　　步
五城山　道
410m
承天禪寺
天上山
430m

路線說明

　　烘爐地天上山稜線，路線比較複雜，通常是從中和烘爐地上山，也就是由中和的方向往土城的方向行走，登山口就在土地公廟後方的階梯小徑進入，可以循稜線往土城天上山。沿途路牌指示明確，依序經過南勢角山、五尖山、文筆山、五城山，到天上山等五座山頭，各有其獨特處，值得探訪，且有多條山徑延伸下山，路線可長可短，是條不可多得的路線。

交通

● 自行開車可以由中和交流道下，右轉中正路前行到南山路右轉，再接興南路直行即可抵達烘爐地。

● 大眾運輸可以搭持聯營公車249、809到「烘爐地站」下車，再沿登山步道步行上山。

● 捷運南勢角站搭乘捷運接駁公車「自強國中─烘爐地」，於山頂烘爐地停車場下車，沿登山步道步行約100公尺。

行程資訊

南勢角捷運站─烘爐地登山口─光明頂→新樂園─青春嶺─彩蝶社區─五尖山（310m）─文筆山（295m）─五城山（410m）─天上山（430m）─承天禪寺

霞喀羅古道

霞喀羅古道跨越在新竹縣尖石鄉及五峰鄉，是早期當地部落對外聯絡的交通要道，日治時期曾建造警備道，設立派出所等建築，以管理當地泰雅族人，至今仍留下許多遺址，也是登山界當中一條著名的古道路線，特別是每年入秋之後，滿山滿谷的楓樹林，是知名的賞楓景點。

資訊

位置：新竹縣尖石鄉、五峰鄉
全長：約23公里
時間：6～8小時
海拔：1500～2332公尺
分類：國家級步道、古道
難易度：★★

（註：目前霞喀羅古道有多處坍方，出發前請先確實查詢古道狀況。）

路線圖

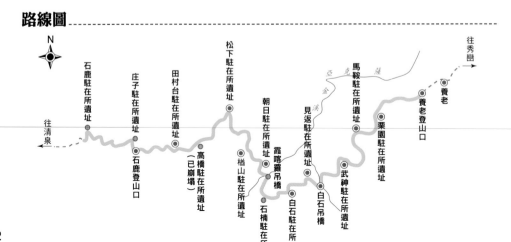

路線說明

　　霞喀羅古道全程約23公里，但因為颱風的侵襲，時常多處呈現崩塌，入山前最好先查詢林務局所公告的霞喀羅古道開放狀況。此路線有兩個登山口，一是從養老端入山，另一是從清泉端入山，若是單純賞楓路線，建議可以從養老端入山，栗園、馬鞍駐在所到白石吊橋都是楓樹林密布，入秋後楓葉轉紅甚是好看。除了要留意路況外，也要安排好交通，才能一次欣賞完整條古道。兩端雖然只有23公里之長，開車卻要將近四個小時的車程時間，才能到另外一端，若是安排好兩端的接駁，需要健腳級的山友或是跑友才有機會走完全程。

交通

- 開車路線：養老端可以從竹林交流道下接120線道往內灣、尖石鄉，右轉尖石大橋，接竹60鄉道往秀巒，過秀巒檢查哨後，注意岔路口有路牌指示右轉往養老，續行約8公里即可抵達霞喀羅古道養老端登山口。
- 開車路線：清泉端可以經竹東街上竹122縣道到清泉，清泉接石鹿林道到達登山口。

行程資訊

養老登山口—3.7K—栗園駐在所遺址—1.4K—馬鞍駐在所遺址—2.1K—武神駐在所遺址—1K—白石吊橋—0.6K—見返駐在所遺址—1.2K—白石駐在所—石楠駐在所—霞喀羅吊橋—3.6K—朝日駐在所遺址—1.7K—楢山駐在所遺址—1.7K—松下駐在所遺址—高橋駐在所遺址（已崩塌）—3.9K—田村台駐在所遺址—1.3K—石鹿登山口—庄子駐在所遺址—石鹿駐在所遺址

越野跑
推薦路線 **7**

松羅湖

松羅湖（或松蘿湖）位在雪山尾稜的區域，是南勢溪的源頭，海拔大約1300公尺，但是三面環繞著高山，地理位置十分隱密，也因為環境關係所以經常蒙上一層薄霧，有著雲霧繚繞的夢幻，所以當年被發現的時候就被冠上「十七歲之湖」的稱號。

資 訊

位置：宜蘭縣大同鄉玉蘭村
全長：單程6公里，來回12公里
時間：6小時
海拔：680～1230公尺
分類：中級山、原始山徑
難易度：★★

路線圖

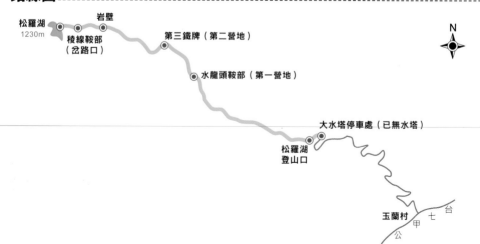

松羅湖
1230m
岩壁
稜線鞍部
（岔路口）
第三鐵牌（第二營地）
水龍頭鞍部（第一營地）
大水塔停車處（已無水塔）
松羅湖
登山口
玉蘭村
台七甲公路
N

路線說明

　　雖然松羅湖的地理位置屬於新北市，登山口卻是在宜蘭縣大同鄉，是典型的中級山路線，大約6公里的距離，全程都是原始泥土山徑。因為天候影響經常是泥濘地面為主，且爬升高度超過500公尺，部分路段落差大，去程即消耗大量體力，回程全段下坡，股四頭肌的肌力若不足的人，往往走到膝蓋痠痛，算是稍具難度的入門路線。

交通

　　自行開車往宜蘭大同鄉，在台七線99.9公里處轉進產業道路，循著指標往玉蘭茶園的方向上去，過了玉蘭茶園續行有往松羅湖的指示牌，車行到大水塔停車，即可看到登山口。

行程資訊

大水塔停車處（已無水塔）（675m）─松羅湖登山口（680m）─水龍頭鞍部（第一營地）（875m）─第三鐵牌（第二營地）（1020m）─岩壁─稜線鞍部（岔路口）（1310m）─松羅湖（1230m）

奇萊南華（能高越嶺古道西段）

奇萊南華就便是能高越嶺古道的西段，前面的13公里都是古道路線，原是泰雅原住民賽德克亞族的遷徙和交通貿易的聯絡道，由於古道全程將近30公里，且東端出去還有近30公里的產業道路，所以後期許多山友都是安排兩天一夜的能高越嶺古道，西段順撿兩顆百岳的路線，這也是高山越野當中最入門的路線之一。

資 訊	
位置：	南投縣仁愛鄉
全長：	26～30公里
時間：	10小時
海拔：	2013～3358公尺
分類：	國家級步道、古道、百岳、高山路徑
難易度：	★★

路線圖

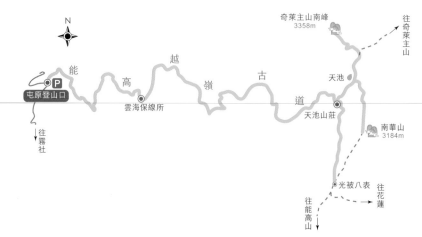

路線說明

　　初階跑者可以沿著能高越嶺古道的西段，來回天池山莊，單程13公里即可抵達，沿途古道路線路跡明顯，坡度緩慢上升，相較於其他山徑，除了幾處有崩塌外，可說是康莊大道。進階跑者則可到天池再循指標，前往奇萊南峰跟南華山兩顆百岳，若還有餘力可以加碼「光被八表」紀念碑。初階跑者來回全程達26公里，進階跑者更是超過30公里以上的越野距離，整體而言，雖然距離較長，但路況佳，算是進入高山越野跑的首選。

交通

●開車路線：國道六號往埔里端終點，左轉接台14縣道，過霧社後，持續走台14到99公里的道路終點，就會接上屯原產業道路，登山口設有停車場，沿途也有指示牌往屯原登山口。

行程資訊

屯原登山口（2013m）—**4.5K**—雲海保線所（2360m）—**8.6K**—天池山莊（2860m）—**1K**—天池（3080m）—奇萊主山南峰（3358m）—南華山（3184m）—光被八表（2802m）

合歡山西北峰

說到高山越野就不能不提這條大眾化越野路線，因為路線清楚，交通便利，所以是許多人的第一條高山越野路線——合歡西北峰，山區視野遼闊，一片翠綠，還能挑望中央山脈稜線。若是認真訓練，且周詳規劃來挑戰此路線應該不成問題，如果行有餘力還可以走一下合歡山及東峰和石門山。

資　訊
位置：太魯閣國家公園、合歡山系、台14甲36.7公里
全長：單程6.7公里，來回13.4公里
時間：7～9小時
海拔：2995～3422公尺
分類：百岳、高山路徑
難易度：★★

路線圖

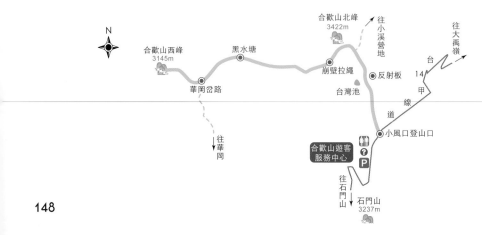

路線說明

　　合歡西北峰，最常走的就是從
小風口登山口上山，上到北峰之前
的2.2公里幾乎都是陡上，算是比較
累人的一段路，北峰到西峰則有4.5
公里，單程大約6.7公里，因此來
回就有13多公里，距離雖然還不算
長，但是沿途上上下下六個山頭，
來回走一趟就要上下十二個山頭，
所以細數合歡西北峰也絕非第一輕

鬆的路線，上山前還是要先做好準
備，包含體能訓練、齊全裝備、周
詳的行程規劃。

交通

　　開車路線，國道六號往埔里
端終點，左轉接台14縣道，過霧社
後，取左台14甲，經過昆陽可到
武嶺，登山口在台14甲縣道36.7公
里，靠近小風口。

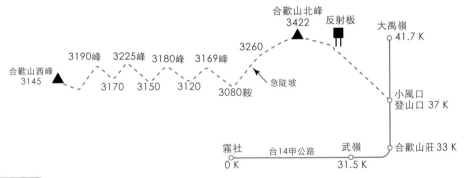

行程資訊

小風口登山口─反射板─合歡山北峰（3422m）─崩壁拉繩─黑水塘─華岡岔路─合歡山西峰
（3145m）

雪山主東峰

雪山主峰是近年來僅次於玉山主峰外，最多人攀登的山頭，原因無他，就是申請容易、交通便利，加上又是台灣第二高峰，全程10.9公里可以登頂，一年四季都適合攀登，四季景色變異各有千秋，非常值得一登。

資│訊

位置：台中市與苗栗縣的市縣界上，地處雪霸國家公園境內
全長：約10.9公里，來回22公里
時間：6～8小時
海拔：登山口2310公尺，雪山主峰標高3886公尺，落差高達1500公尺
分類：台灣五嶽、百岳、高山路徑
難易度：★★★

路線圖

往翠池
往雪山北峰
北稜角 3880m
雪山主峰 3886m
圈谷
水源地
黑森林
三六九山莊
往志佳陽大山
雪山東峰 3150m
哭坡
哭坡觀景台
七卡山莊
雪山登山口管制站
武陵農場
往台七甲公路
N